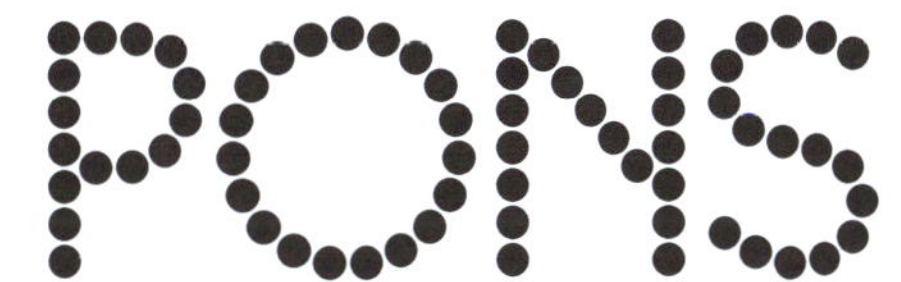

NIEDERLÄNDISCH

mit allen Sinnen

Sprachkurs mit MP3-Download

sehen * hören * fühlen * schmecken * riechen

von
Nadine Vermeiren
und Annelies de Jonghe

PONS

Niederländisch mit allen Sinnen

Sprachkurs mit MP3-Download

von
Nadine Vermeiren (Lektionen 6 bis 15)
und Annelies de Jonghe (Lektionen 1 bis 5)

Basiert auf ISBN 978-3-12-562403-0 von Ulrike Wolk

Die Hördateien findest du als MP3 zum Download unter

www.pons.de/mitallensinnen

1. Auflage 2024

Projektleitung: Angela de Riese
Redaktion: Rianne Fuchs-Franke, Angela de Riese
Logoentwurf: Erwin Poell, Heidelberg
Logoüberarbeitung: Sabine Redlin, Ludwigsburg
Layout: Petra Michel
Satz: digraf.pl - dtp services
Tonaufnahmen: db media dupré & buhr gbr
Gesprochen von: Willem van den Top, Gerda van der Haak, Erwin Lindemann

Druck und Bindung: Plump Druck & Medien GmbH, Rheinbreitbach

ISBN: 978-3-12-566039-7

Danke für dein Vertrauen!

Wir bei PONS sind der Überzeugung: Wer Sprachen spricht, dem steht die Welt offen. Aus diesem Grund entwickeln wir seit über 40 Jahren hochwertige Wörterbücher und Sprachlern-Produkte und entwerfen ständig neue didaktische Konzepte, um für alle Lernenden das Passende anbieten zu können.

Hilf uns mit deinem Feedback!

Bist du mit diesem Sprachkurs zufrieden?

Dann freuen wir uns über deine **Weiterempfehlung**. Erzähl es deinem Freundeskreis, der Buchhandlung deines Vertrauens oder schreib eine **Online-Rezension** und hilf uns, dieses Buch anderen näherzubringen.

Du hast Fragen bzw. Kritik oder Korrekturen an unserem Sprachkurs?

Wir freuen uns über deine Anregungen. Schreib uns eine Nachricht an **kundenservice@pons.de**.

Dein Feedback hilft uns, unsere Produkte immer weiter zu verbessern.

Herzlichen Dank für deine Unterstützung und viel Spaß & Erfolg beim Sprachenlernen.

Deine PONS-Redaktion

Lernen mit allen Sinnen

Dein Gehirn verarbeitet jeden Tag eine Flut an Sinneseindrücken. Die meisten Informationen schaffen es nur bis ins Kurzzeitgedächtnis und werden danach wieder vergessen. Je mehr Sinne aber beim Lernen angesprochen werden, umso schneller machst du Fortschritte und umso dauerhafter wird alles, was du neu lernst, in deinem Gehirn abgespeichert.

Dein Sprachkurs **PONS Niederländisch mit allen Sinnen** setzt genau hier an und bindet alle fünf Sinne ein:

sehen

Gleich zu Beginn jeder Lektion lernst du den wichtigsten Wortschatz zum Thema – einfach und bebildert. Auch im Rest der Lektion sorgen Bilder und Farben für ein **visuelles Lernerlebnis.** So tauchst du direkt ins Land ein. Sieh dir die schönsten Bilder an, so oft du willst, um dich in eine entspannte Lernstimmung zu versetzen.

hören

Auch das Ohr spielt beim Lernen einer Sprache eine sehr wichtige Rolle. Den Einstiegswortschatz, den Haupttext jeder Lektion sowie viele weitere Hörübungen hörst du dir ganz einfach an: Unter **www.pons.de/mitallensinnen** lädst du dir die MP3-Dateien herunter. Wenn du auf Anhieb noch nicht alles verstehst, macht das gar nichts – hör es dir immer wieder an. So bekommst du den **Klang der Sprache nachhaltig ins Ohr** und aktivierst dein Hörverstehen.

schmecken

Lernen mit Genuss: Lass dir die Sprache auf der Zunge zergehen und probier die **landestypischen leckeren Rezepte** aus, die dich in jeder Lektion erwarten. Dein Niederländisch übst du dabei ganz praxisnah und aktivierst auch noch sämtliche anderen Sinne. Vielleicht hast du einmal Lust, das richtig zu zelebrieren. Nimm dir Zeit für diese sehr effektive Lern-Pause!

Riechen

Düfte haben eine sehr starke Wirkung auf dein Gehirn und können **Konzentration und Merkfähigkeit** positiv beeinflussen. Im Kurs wirst du immer wieder aufgefordert, dir Düfte vorzustellen oder tatsächlich an ihnen zu schnuppern und sie so mit dem Gelernten zu verknüpfen. Außerdem findest du im Buch eine Duftkarte. Probier doch einmal aus, was passiert, wenn du beim Lernen und Wiederholen immer wieder an ihr riechst!

Fühlen

Auf der letzten Seite jeder Lektion geht es ums Fühlen. Mit Fühlen ist hier das umfassende **„Be-Greifen" der Sprache** gemeint. Das können kleine, aber auch große Tätigkeiten sein, vom Basteln über das Anfassen konkreter Gegenstände bis hin zum Lernen in Bewegung. Die Hauptsache ist, dass du selbst aktiv wirst. Dabei lernt lernt das Gehirn ganz natürlich.

Und jetzt alle zusammen!

Wenn du das Wort für einen Gegenstand gelesen und gehört hast, ein Bild davon gesehen und vielleicht auch den Gegenstand real angefasst, beschnuppert oder gekostet hast, hast du zahlreiche **Verknüpfungen im Gehirn** geschaffen, die dir das Merken erleichtern. Oft reicht es aber auch schon, Lernen mit Bewegung zu verbinden, also nimm die MP3s mit auf einen Spaziergang, die Joggingrunde oder ins Fitnessstudio. Probier verschiedene Wege aus und feiere deine Erfolge!

Lernen mit Gefühl und Verstand

Am einfachsten merken wir uns das, was für uns wichtig ist. Dieser Kurs bringt dir eine Fülle von Anregungen. Deine Aufgabe ist es, dir das herauszusuchen, was **deine Neugier anregt und dir Spaß bereitet.** Beschäftige dich damit intensiv, leg das Buch zur Seite und such in deiner Umgebung nach allem, was dir hilft. Schau Filme, hör Musik, sprich mit Menschen, tauch entspannt mit allen Sinnen in die Sprache ein – wir wünschen dir dabei viel Vergnügen!

Deine PONS-Redaktion

Inhalt

Mijn tuinfeest

MEIN GARTENFEST

sehen

Komm, schließ die Augen, wir gehen auf eine Gartenparty. Es ist ein milder, sonniger Sommernachmittag. Hörst du die Vögel in den Bäumen zwitschern? Die Rosen duften intensiv. Dort drüben unterhalten sich ein paar Leute. Es gibt kühle Getränke und leckeren Kuchen. Ein Mädchen sitzt auf der Schaukel. Möchtest du dich vorstellen? Jetzt lernst du, was wichtig ist, wenn du neue Leute kennenlernst.

hören

Tr. 1

de tuin
Garten

het feest
Fest

het terras
Terrasse

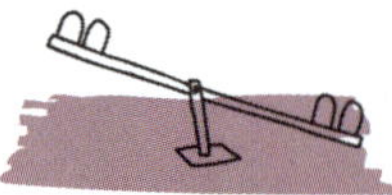

de schommel
Schaukel

de frisdrank
Limo, Cola, Saft

de muntthee
Minztee

de wijn, het wijntje
Wein

de koffie
Kaffee

het borrelhapje
niederl. Tapas

de garnaal
Krabbe, Garnele

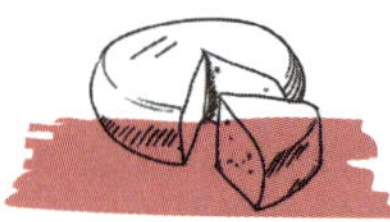

de kaas
Käse

de tomaat
Tomate

de man
Mann

de vrouw
Frau

de kip
Huhn

de hond
Hund

het meisje
Mädchen

de jongen
Junge

de mensen
Leute

de buur
Nachbar/in

Tr. 2

- Hallo, welkom! Ik ben Toon.
- Dag, ik heet Eefje.
- Leuk je te leren kennen. Hoe gaat het met je?
- Uitstekend. Het is mooi hier.
- Dank je wel! Dit is mijn vriendin Fleur.
- Dag Fleur, ik ben de nieuwe buur. Wie is dat?
- Het meisje op de schommel is mijn zus Marjolein.
- Hoe heet de hond? Hij is zo schattig.
- Dat is Boef. Hij is een deugniet. Wat wil je drinken? Er is koffie, muntthee en frisdrank, maar ook wijn en bier.
- Een wijntje graag!
- Wat wil je eten? Er zijn borrelhapjes: tomaat garnaal, kipsaté, borrelkaas.
- Lekker! Dank je wel. Hey Boef, wat wil je? Jeetje, mijn borrelkaas ...
- Nou, Boef borrelt ook graag!

1 Ein paar wichtige Ausdrücke zur Unterhaltung auf einer Party kennst du schon. Hör zu, verbinde einige wichtige Sätze aus dem Dialog und sprich nach.

hören

Tr. 3

1. Leuk	**A** graag!
2. Hoe gaat het	**B** je te leren kennen.
3. Een wijntje	**C** borrelhapjes.
4. Wat wil je	**D** met je?
5. Er zijn ook	**E** drinken?

2 Erträum dir eine Gartenparty und skizzier sie. Wenn du fertig bist, kannst du sie mit den neu gelernten niederländischen Wörtern beschriften. Ran an den Bleistift!

* mensen * het terras * eten * drinken * de tuin * het feest

DE TUIN – HET FEEST

Es gibt zwei Kategorien bei den Nomen:

➋ **de-woorden** *der/die-Wörter* wie **tuin** mit dem Artikel **de** *der/die*

➋ **het-woorden** *das-Wörter* wie **feest** mit dem Artikel **het** *das*

FALSCHE FREUNDE?

Wenn du jemanden *süß* oder *knuffig* findest, sagst du: **Je bent schattig!** Das hat also nichts mit dem deutschen *schattig* zu tun. Vorsicht: Es wimmelt nur so von sogenannten falschen Freunden in den beiden Sprachen!

3

hören
Tr. 4

In der Wortschlange sind Wörter aus dem Dialog versteckt. Findest du sie? Schreib sie mit ihrer Übersetzung auf.

WIJNTJEBROERMUNTTHEEVRIENDINBORRELHAPJEBUURZUS

___ → ___
___ → ___
___ → ___
___ → ___
___ → ___
___ → ___
___ → ___

4

hören
Tr. 5

Wie is dat? *Wer ist das?* Hör dir die Beschreibungen an und trag die Namen ein.

1

2

3

4

5

6

7

8

___ **A** Wim
___ **B** Stijn
___ **C** Fleur
___ **D** Bas
___ **E** Boef
___ **F** Marjolein
___ **G** Marijke
___ **H** Eefje

AUSSPRACHETIPPS
EU = [Ö]
OE = [U]
EI/IJ = [ÄJ]

Das Verb zijn (sein)

Hier lernst du die Formen des Verbs **zijn** und gleich die Personalpronomen dazu. Präg sie dir gut ein! In Klammern steht manchmal eine zweite Form, die du bei besonderer Betonung einsetzen kannst: **Ik? Nee, jij!** *Ich? Nein, du!* Beachte den falschen Freund: **wie** *wer*.

ik **ben**	Wie ben ik?	we (wij) **zijn**	Wie zijn we (wij)?
je (jij) **bent**	Wie **ben je (jij)**?	jullie **zijn**	Wie zijn jullie?
u **bent**	Wie bent u?		
hij/ze (zij)/het **is**	Wie is hij/ze (zij)/het?	ze (zij) **zijn**	Wie zijn ze (zij)?

*Die Endung ~~t~~ entfällt, wenn **je (jij)** nach dem Verb steht: **Ben je (jij)**

Je *du* und **u** *Sie*
Im Niederländischen gibt es die Höflichkeitsform **u** *Sie*. Du sprichst **u** wie das deutsche [ü] aus.

5 Setz hier die passenden Formen des Verbs **zijn** ein.

1. Ik ________ Toon.
2. Boef ________ de hond.
3. Je / jij ________ Eefje.
4. Dat ________ mijn zus.
5. U ________ mijn nieuwe buur.
6. Wim en Fleur ________ vrienden.
7. Hij ________ mijn vriend.
8. De borrelhapjes ________ lekker.

W- Fragen und Ja-nein-Fragen

W-Fragen		Ja/nein-Fragen	
Wie ben je?	*Wer bist du?*	Ben je Bas?	Ja, ik ben Bas.
Hoe gaat het?	*Wie geht's?*	Bent u de buur?	Nee, ik ben niet de buur.
Wat wil je?	*Was willst du?*		

REZEPT

Borrelhapjes

NIEDERLÄNDISCHE TAPAS

Borrelen ist eine äußerst populäre Aktivität. Früher trank man vor dem Essen einen **borrel** oder einen Aperitiv. Mittlerweile **borrelt** man zu den unterschiedlichsten Anlässen: als After-Work-Party, nach einem Meeting oder auch wenn ein Baby auf die Welt gekommen ist: **de babyborrel**. Es geht dabei vielmehr um die Unterhaltung als um das Trinken. **Borrelhapjes** sind nicht nur Knabbergebäck oder Käsewürfel, sondern kulinarische Leckerbissen aus der ganzen Welt. Für ein niederländisch angehauchtes Gartenfest kannst du gleich zwei Klassiker servieren, nämlich gefüllte Tomaten mit Garnelen und Hühnchenspieße mit Erdnusssoße.

Zutaten

Tomaat garnaal:
150 g garnalen *Nordseegarnelen* **- 2-3 kleine tomaten - 1 eetlepel** *Esslöffel* **mayonaise - bieslook** *Schnittlauch* **- lente-uitjes** *Frühlingszwiebeln*

Kipsaté:
500 g kipfilet *Hühnerfilet* **- 2 teentjes knoflook** *Knoblauchzehen* **- 2 eetlepels** *EL* **ketjap** *süße Sojasoße* **- 1 theelepel** *TL* **sambal oelek - 8 spiesjes** *Spießchen*

Pindasaus:
2 eetlepels donkere sojasaus *dunkle Sojasoße* **- 250 ml kokosmelk** *Kokosmilch* **- 1 eetlepel bruine suiker** *Rohrzucker* **- 5 eetlepels pindakaas** *Erdnussbutter*

1. **Tomaat garnaal:**
   Meng de garnalen met de mayonaise, de bieslook en gesneden lente-uitjes. Doe het kapje van de tomaat en vul de tomaat met de garnalen.
2. **Kipsaté:**
   Maak een marinade met knoflook, ketjap en sambal. Meng met blokjes kip en marineer 30 minuten. Steek de kipblokjes op de spiesjes. Gril de kipsatés.
3. **Pindasaus:**
   Verwarm de kokosmelk met de sojasaus en de suiker. Roer zachtjes. Doe er beetje bij beetje pindakaas bij tot de saus romig is. Met de sambal maak je de saus pittig.

1. *Gefüllte Tomaten mit Garnelen: Vermenge die Garnelen mit Mayonaise, Schnittlauch und geschnittenen Frühlingszwiebeln. Nimm der Tomate den Deckel ab und befülle sie mit den Garnelen.*
2. *Hühnchenspieße: Mache eine Marinade aus Knoblauch, Sojasoße und Sambal. Mariniere die Hühnchenwürfel 30 Minuten darin. Spieße die Hühnchenwürfel auf die Spieße. Grille die Hühnchenspieße.*
3. *Erdnusssoße: Erwärme die Kokosmilch mit Sojasoße und Zucker. Vorsichtig rühren. Nach und nach Erdnussbutter hinzufügen, bis die Soße cremig ist. Mit Sambal Oelek machst du die Soße schärfer.*

Du kennst dich jetzt schon ein bisschen auf der Gartenparty aus. Verbinde die Fragen mit passenden Antworten.

1. Hoe heet de hond?	•	**A** Ja.
2. Hoe gaat het met je?	•	**B** Boef.
3. Wie is je zus?	•	**C** Ja graag! / Nee, dank je wel.
4. Is er ook muntthee?	•	**D** Uitstekend.
5. Wil je graag een wijntje?	•	**E** Het meisje op de schommel.

riechen

Was riechst du gerne? Sieh dir die Bilder an, stell dir den Geruch vor und trag die fehlenden niederländischen Wörter ein. Für die **zeebries** *Meeresbrise* kannst du die Duftkarte aus dem Buch benutzen. Kreuz an, was du gerne riechst.

1. ______

2. ______

3. ______

4. ______

5. de citroen

6. ______

7. ______

8. ______

9. ______

DUFTE LERNIDEE

Wenn du neue Wörter lernst, hilft dir deine Nase: Dein Geruchsgedächtnis stärkt Wörter, die es mit einem Duft verbinden kann. Hast du Zitrone angekreuzt? Dann kannst du das nutzen: Studien haben gezeigt, dass Zitronenduft beim Lernen unterstützt.

8 Typische Fragen auf einer Party. Kreuz jeweils zwei mögliche Antworten an.

1. Hoe heet je?
   - ◯ **A** Ik ben ...
   - ◯ **B** Mijn naam is ...
   - ◯ **C** Lekker!
2. Wat wil je drinken?
   - ◯ **A** Een koffie graag!
   - ◯ **B** Dank je wel!
   - ◯ **C** Is er een glaasje fris?
3. Wat is er te eten?
   - ◯ **A** Wijn en koffie.
   - ◯ **B** Er zijn borrelhapjes!
   - ◯ **C** Tomaat garnaal.
4. Wie is je nieuwe buur?
   - ◯ **A** Dat weet ik niet.
   - ◯ **B** Dat is een hond.
   - ◯ **C** De vrouw op het terras.

9 Manchmal muss man etwas klarstellen. Verneine wie im Beispiel.

1. Stijn _is niet_ mijn collega, hij is mijn vriend.
2. Dat ______________ mijn zusje, dat is mijn broer.
3. Ik ______________ Klaas, maar wel Toon.
4. Boef ______________ de hond van Eefje, hij is mijn hond.
5. We ______________ in de tuin, we zijn op het terras.
6. Fleur ______________ mijn buur, ze is mijn vriendin.

VERNEINEN MIT NIET

ik **ben**
je **bent**
u **bent**
hij/ze/het **is** — niet
we **zijn**
jullie **zijn**
ze **zijn**

10 Jetzt bist du dran! Führ mithilfe der Audioaufnahme ein Gespräch auf einer Party.

hören
Tr. 6

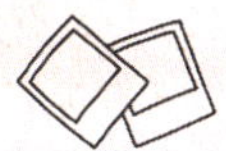

11 In dieser Lektion hast du gelernt, dich auf einer Party zu unterhalten. Es gibt auch eine Fotobox, auf Niederländisch ein **selfiehoek**, eine *Ecke für Selfies*. Die Gäste lassen sich gerne fotografieren und du möchtest mit den vielen Selfies eine Erinnerungscollage machen. Beginn in der Mitte mit deinem Selfie: **Dat ben ik.** *Das bin ich.* Beschrifte die anderen Selfies auf Niederländisch mit Hilfe der Wortliste.

- mijn man
- mijn vrouw
- mijn zoon
- mijn dochter
- mijn zus
- mijn broer
- mijn vriend
- mijn vriendin
- mijn partner
- mijn liefje
- mijn buur
- mijn collega

Dat ben ik!

MIJN ♥-VRIENDIN

Hast du eine ganz enge Freundin oder einen besonderen Freund? Dann ist sie deine **hartsvriendin** *Herzensfreundin* und er dein **hartsvriend** *Herzensfreund*.

FAMILIE

Im Niederländischen gibt es unterschiedliche Bezeichnungen für **het gezin** *die Kernfamilie* und **de familie** *die gesamte Verwandtschaft*.

Lösungen

1. 1. B, 2. D, 3. A, 4. E, 5. C
3. wijntje – Glas Wein, broer – Bruder, muntthee - Minztee, vriendin – Freundin, borrelhapje - niederl. Tapa - buur – Nachbar/in, zus – Schwester
4. 1. A, 2. C, 3. D, 4. G, 5. F, 6. H, 7. E, 8. B
5. 1. ben, 2. is, 3. bent, 4. is, 5. bent, 6. zijn, 7. is, 8. zijn
6. 1. B, 2. D, 3. E, 4. A, 5. C
7. 1. munt / muntthee, 2. koffie, 3. wijn / wijntje, 4. kaas, 5. citroen, 6. pinda / pindakaas, 7. garnaal, 8. zeebries, 9. chocolade
8. 1. A + B, 2. A + C, 3. B + C, 4. A + C
9. 1. is niet, 2. is niet, 3. ben niet, 4. is niet, 5. zijn niet, 6. is niet
10.
- Ik ben / Ik heet ...
- Uitstekend.
- Dag Fleur.
- Een wijntje graag.

Transkriptionen

TR. 2
Hallo, willkommen! Ich bin Toon.
Guten Tag, ich heiße Eefje.
Schön, dich kennenzulernen. Wie geht es dir?
Ausgezeichnet. Es ist schön hier.
Dankeschön! Das ist meine Freundin, Fleur.
Guten Tag Fleur, ich bin die neue Nachbarin. Wer ist das?
Das Mädchen auf der Schaukel ist meine Schwester Marjolein.
Wie heißt der Hund? Er ist so süß.
Das ist Boef. Er ist ein Schlingel. Was möchtest du trinken? Es gibt Kaffee, Minztee und kalte Getränke, aber auch Wein und Bier.
Ein Glas Wein gerne!
Was möchtest du essen? Es gibt auch Snacks: Tomate mit Krabben, Hühnerspieße, Käsewürfel.
Lecker! Dankeschön. Hey Boef, was willst du? Oh du meine Güte, mein Käse ...
Na, Boef nascht auch gerne.

TR. 5

• Wie is dat met de bril? Dat is mijn collega Wim.	*Wer ist das mit der Brille? Das ist mein Kollege Wim.*
• En die man daar met het bier? Is dat ook een collega?	*Und der Mann dort mit dem Bier? Ist das auch ein Kollege?*
• Nee, hij is een vriend. Hij heet Stijn.	*Nein, er ist ein Freund. Er heißt Stijn.*
• Mijn vriendin Fleur is hier op het terras. Is Fleur ook je collega? Nee.	*Meine Freundin Fleur ist hier auf der Terrasse. Ist Fleur auch deine Kollegin? Nein.*
• Zie je die jongen daar met de bal? Dat is Bas. Hij speelt graag met de bal.	*Siehst du den Jungen dort mit dem Hund? Das ist Bas. Er spielt gerne mit dem Ball.*
• Jeetje, Boef heeft nu de bal. Boef is de hond.	*Oh du meine Güte, Boef hat jetzt den Ball. Boef ist der Hund.*
• Hoe heet het meisje op de schommel ook alweer? Dat is mijn zus Marjolein.	*Wie heißt das Mädchen auf der Schaukel noch mal? Das ist meine Schwester Marjolein.*
• En het meisje met de hond? Wie is dat? Dat is Marijke, de zus van Bas.	*Und das Mädchen mit dem Hund? Wer ist das? Das ist Marijke, die Schwester von Bas.*
• Heeft Stijn een vriendin? Hey Stijn, ken je Eefje al? Ze is in de tuin.	*Hat Stijn eine Freundin? Hey Stijn, kennst du Eefje schon? Sie ist im Garten.*

Lektionswortschatz

tuin, de	*Garten*
feest, het	*Fest*
terras, het	*Terasse*
schommel, de	*Schaukel*
frisdrank, de	*Limo, Cola, Saft*
muntthee, de	*Minzetee*
wijn, de	*Wein*
wijntje, het	*Glas Wein*
koffie, de	*Kaffee*
borrelhapje, het	*niederl. Tapas*
garnaal, de	*Krabbe, Garnele*

kaas, de	*Käse*
tomaat, de	*Tomate*
man, de	*Mann*
vrouw, de	*Frau*
kip, de	*Huhn*
hond, de	*Hund*
meisje, het	*Mädchen*
jongen, de	*Junge*
mensen, de	*Leute*
buur, de	*Nachbar/in*
hallo	*hallo*
welkom	*willkommen*
ik ben	*ich bin*
dag	*Guten Tag*
ik heet	*ich heiße*
leuk	*nett, schön*
Leuk je te leren kennen.	*Schön, dich kennenzulernen.*
Hoe gaat het met je/u?	*Wie geht es dir/Ihnen?*
uitstekend	*ausgezeichnet*
Het is ...	*Es ist ...*
mooi	*schön*
Dank je wel!	*Dankeschön!*
Dit is ...	*Das ist ...*
mijn	*mein*
vriendin, de	*Freundin*
nieuw	*neu*
wie	*wer*
op	*auf*
zus, de	*Schwester*
Hoe heet je?	*Wie heißt du?*
ik	*ich*
je, jij	*du*
u	*Sie*
ze, zij	*sie*
hij	*er*
het	*es*
we, wij	*wir*
jullie	*ihr*
schattig	*süß, knuffig*
deugniet, de	*Schlingel*
wat	*was*
Wat wil je ...?	*Was möchtest du ...?*
drinken	*trinken*
er is/zijn ...	*Es gibt ...*
en	*und*
maar	*aber*
ook	*auch*
een	*ein*
graag	*gerne, bitte*
eten	*essen*
kipsaté, de	*Hühnerspieße*
borrelkaas, de	*Käsewürfel*
lekker	*lecker*
jeetje	*Oh, du meine Güte*
nou	*nun*
borrelen	*naschen*
broer, de	*Bruder*
vriendin, de	*Freundin*
bril, de	*Brille*
collega, de	*Kollege/Kollegin*
bal, de	*Ball*
ook al weer	*noch mal*
al	*schon*
zijn	*sein*
hoe	*wie*
eetlepel, de	*Esslöffel*
bieslook, de	*Schnittlauch*
lente-uitje, het	*Frühlingszwiebel*
kipfilet, de	*Hühnerfilet*
teentje, het	*Zeh*
knoflook, de	*Knoblauch*
theelepel, de	*Teelöffel*
spiesje, het	*Spießchen*
pindasaus, de	*Erdnusssoße*
donker	*dunkel*
sojasaus, de	*Sojasoße*
kokosmelk, de	*Kokosmilch*
bruine suiker, de	*Rohrzucker*
pindakaas, de	*Erdnussbutter*
mengen	*vermengen, mischen*
gesneden	*geschnitten*
vullen	*füllen*
steken	*stechen*
verwarmen	*erwärmen*
roeren	*rühren*
een beetje	*ein bisschen*
romig	*cremig*
pittig	*scharf*
zeebries	*Meeresbrise*
citroen	*Zitrone*
chocolade	*Schokolade*
Dat ben ik.	*Das bin ich.*
zoon, de	*Sohn*
dochter, de	*Tochter*
vriend, de	*Freund*
partner, de	*Partner*

Een dagje aan zee

EIN AUSFLUG ANS MEER

sehen

Stell dir vor, du bist an einem schönen Küstenort. Was siehst du? Dünen? Strand? Was hörst du? Die Wellen? Spürst du den Wind in deinen Haaren? Den Sand zwischen deinen Zehen? In dieser Lektion lernst du, über Natur, Wetter und Sinneseindrücke zu sprechen: Spitz die Ohren und mach dich bereit, zu sehen, zu hören, zu schmecken, zu fühlen und zu riechen.

hören
Tr. 7

de zon
Sonne

de regen
Regen

de wind
Wind

het wolkje
Wolke

het onweer
Unwetter

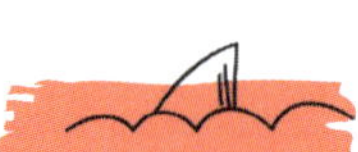

de zee
Meer

het meer
Binnensee

het strand
Strand

het zand
Sand

het zandkasteel
Sandburg

de zeilboot
Segelboot

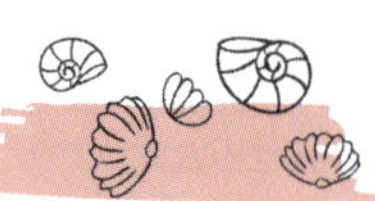

de schelpjes
Muscheln

de vogel
Vogel

de meeuw
Möwe

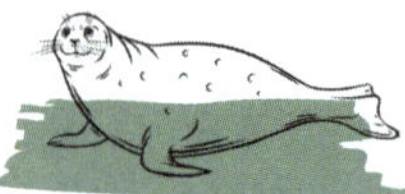

de zeehond
Seehund

de kikker
Frosch

de mossel
Miesmuschel

de koe
Kuh

het gras
Gras

het kampvuur
Lagerfeuer

Tr. 8

- Wat een heerlijk dagje aan zee!
- ◎ Ja, Ruud. Het is fantastisch mooi.
- Kom, we lopen naar het strand, Eefje.
- ◎ Ik voel het zand. Ik ruik de zee en proef het zout op mijn lippen.
- Kijk, schelpjes! Ik knutsel iets met schelpjes en bouw een zandkasteel.
- Doe maar, ik wil zwemmen en daarna lekker in de zon liggen.
- Vind je dat niet een beetje saai?
- ◎ Nee, dat vind ik leuk. Geen wolkje, geen regen, geen onweer. Wat wil je meer?
- Een broodje kaas?
- ◎ Nou, dat vind ik lekker. Zie je de zeilboot? Er is echt weinig wind.
- Luister! Hoor je de meeuwen?
- ◎ Ruud, waar is de kaas?
- Jij kijkt naar de zeilboot en wie eet de kaas van je broodje?

1 Wie erlebst du Urlaub am Wasser? Betrachte die beiden Fotos und sag, was du siehst, hörst, riechst, schmeckst und fühlst.

het meer – *der See*

de zee – *das Meer, die See*

- Ik zie de zee /het meer.
- Ik ruik de zee / het gras.
- Ik voel de zon / de wind.
- Ik hoor de kikker / de koe / de meeuw / de zeehond.
- Ik proef het zout / niets.

2 **Hoor, zie, ruik, proef en voel!** *Hör, sieh, riech, schmeck und fühl!* In der Natur kommen alle Sinne zum Einsatz. Lies die Sätze und verbinde.

1. Ik hoor een kikker bij het meer.	**A** Riechst du das Meer?
2. Het broodje kaas is lekker.	**B** Ich höre einen Frosch am See.
3. Ik voel de wind op de zeilboot.	**C** Ich fühle den Wind auf dem Segelschiff.
4. Ruik je de zee?	**D** Magst du Regen?
5. Vind je regen leuk?	**E** Ich mag einen Ausflug ans Meer!
6. Ik vind een dagje aan zee leuk!	**F** Das Käsebrötchen schmeckt lecker.

3 Hör gut hin. Ordne jedes Geräusch dem passenden Bild zu und schreib das richtige Wort darunter.

hören
Tr. 9

1. ______ 2. ______ 3. ______ 4. ______

5. ______ 6. ______ 7. ______ 8. ______

Mach eine Reise entlang der belgischen und niederländischen Küste. Markiere die Ortsnamen in den Wörterschlangen. Hör zu und sprich nach.

hören
Tr. 10

VEURNEKOKSIJDENIEUWPOORTOOSTENDEZEEBRUGGE

VLISSINGENDOMBURGSCHEVENINGENKATWIJKZANDVOORT

TEXELVLIELANDTERSCHELLINGAMELANDSCHIERMONNIKOOG

Bist du bereit für eine kurze Fantasiereise? Mach es dir bequem und höre zu. Die Wortliste hilft dir, alles zu verstehen. Am besten liest du sie vor der Reise.

hören
Tr. 11

* relax: entspanne dich
* adem in/uit: atme ein/aus
* lekker weer: schönes Wetter

LERNTIPP: DAS MAG ICH!

Leuk! Wat leuk! Dat vind ik leuk! Drücke immer deine Begeisterung aus und du gewinnst viele Freunde und Freundinnen. Falls du dich in jemanden verliebt hast, kannst du sagen: **Ik hou van jou!** Allerdings kannst du auch sagen: **Ik hou van kaas**, wenn du Käse besonders gern magst.

Das Präsens der Verben

Um das Präsens zu bilden, nimmst du den Infinitiv, z.B. **ruiken** *riechen* oder **zien** *sehen*. Du streichst die Endungen **-en/-n**, um die Grundform zu bilden und dann hast du gleich die 1. Person im Präsens: **ik ruik** *ich rieche* und **ik zie** *ich sehe*. Bei der zweiten und dritten Person kommt ein **-t** zur Grundform hinzu. Für die Pluralformen nimmst du einfach den Infinitiv. So einfach ist das!

	ruiken	**zien**	**voelen**	**horen**	**proeven**
ik	ruik	zie	voel	hoor	proef
je (jij) **u** **hij / ze (zij) / het**	ruikt	ziet	voelt	hoort	proeft
we (wij) **jullie** **ze (zij)**	ruiken	zien	voelen	horen	proeven

Achtung, wenn **je** nach dem Verb steht, entfällt das **-t**: **Ruik je, zie je, voel je,** etc.

6 Nimm zwei Spielwürfel und übe die Verbformen. Die Augenzahl des ersten Würfels steht für die Person (1 = **ik**, 2 = **je/u**, usw.) Die Augenzahl des zweiten Würfels steht für die Verben: 1 = **ruiken,** 2 = **zien**, 3 = **voelen**, 4 = **proeven**, 5 = **zijn**, 6 = **horen**. Du kannst den Schwierigkeitsgrad steigern, indem du Sätze bildest. Dazu hilft dir die Information über die Wörter im folgenden Kasten.

Nomen und Artikel

Es gibt die bestimmten Artikel **de** *der/die* und **het** *das* und den unbestimmten Artikel **een** *ein/e*. Verneinen kannst du mit **geen** *kein/e*. Artikel und Negativartikel bleiben unveränderlich!

de-woorden-*Wörter*	**de/een/geen man**	*der/ein/kein Mann*
	de/een/geen vrouw	*die/ein/keine Frau*
het-woorden-*Wörter*	**het/een/geen kind**	*das/ein/kein Kind*

BORRELHAPJE?

Bestimmt sind dir die Verkleinerungsformen bereits aufgefallen: **dagje, borrelhapje, wolkje, broodje** oder **schelpje**. Sie enden auf **-je** und haben genauso wie im Deutschen den Artikel **het** *das*. Allerdings heißt es nicht immer, dass etwas klein ist, sondern auch, dass etwas gemütlich oder angenehm ist. **Een dagje aan zee** klingt doch sehr einladend, oder?

Mosselen met friet

MIESMUSCHELN MIT POMMES

Schmecken

Nach einem langen Tag am Strand schmecken frische Miesmuscheln mit Pommes besonders lecker. Lass dich von dem einfachen klassischen Rezept verführen. Schließ beim Essen öfter mal die Augen und fühl dich wie am Meer. Du solltest unbedingt mit den Händen essen, um das Nordseefeeling zu steigern. Lass dir das Meer schmecken!

Zutaten:

2 kg mosselen *Miesmuscheln* – **2 preien** *Lauchstangen* – **2 uien** *Zwiebeln* – **1 wortel** *Möhre* – **1 bosje bladselderij** *Bündel Stangensellerie* – **150ml droge witte wijn** *trockener Weißwein*

1. Snijd de groente grof.
2. Smelt de boter in een pan.
3. Doe de groente bij de boter en stoof alles.
4. Roer de mosselen door de groente. Blus af met de wijn.
5. Breng aan de kook met het deksel op de pan.
6. Laat in 6-8 minuten stomen. De mosselen zijn klaar als de schelpen open staan.
7. Serveer met mayonaise en friet.

1. *Zerkleinere das Gemüse grob.*
2. *Schmelze die Butter im Kochtopf.*
3. *Füge das Gemüse zur Butter und dünste alles.*
4. *Mische die Muscheln unter das Gemüse. Lösche mit dem Wein ab.*
5. *Mit dem Deckel auf dem Topf zum Kochen bringen.*
6. *Sechs bis acht Minuten dämpfen lassen. Die Muscheln sind fertig, wenn die Schalen offen sind.*
7. *Mit Mayonnaise und Pommes servieren.*

7 Was kannst du am Strand alles machen? Such dir aus der Schüttelbox das passende Verb aus und schreib es unter das Bild.

* zeehonden spotten
* een zandkasteel bouwen
* een boek lezen
* vis eten
* bootje varen
* zwemmen
* mosselen eten
* naar de zon kijken

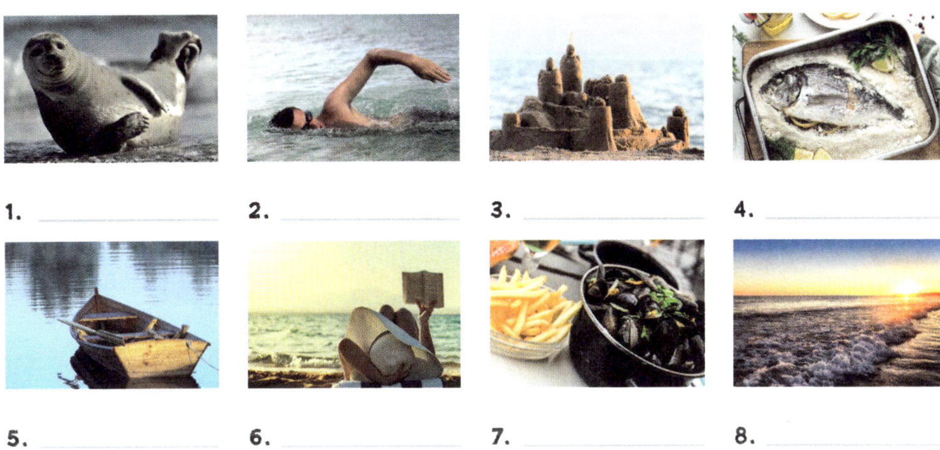

1. ____________ 2. ____________ 3. ____________ 4. ____________

5. ____________ 6. ____________ 7. ____________ 8. ____________

8 Du hast nun viele Verben kennengelernt. Nimm dir ein Blatt und mache dir dein Bucketlist für einen Strandurlaub. Was willst du alles machen? Schreib danach zwei Sätze über Dinge, die du besonders magst.
Beginn mit **Ik hou van ...** *Ich mag ...*

1. ____________

2. ____________

9 Höre dir die neuen Wörter der Lektion an und sprich sie dir jeden Tag vor. Nimm dir die Duftkarte und lauf in Gedanken über den Strand. Dann geht es von selbst!

hören

WIE SPRICHT MAN ‚G' AUS?

Den G-Laut kannst du weich wie das ch im deutschen *lachen* aussprechen. Es gibt auch die so typisch niederländische Variante, wobei du den Laut im Hals reiben lässt. Bitte niemals ‚G' wie das deutsche ‚G' aussprechen. Das geht nur bei **goal** *Goal*.

10 **Ga bij het kampvuur zitten.** *Setz dich ans Lagerfeuer* und hör dem Gespräch zu. Hier werden Aufforderungen und Vorschläge gemacht. Sieh dir an, wie.

hören
Tr. 12

Ga bij het kampvuur zitten.	*Setz dich an unser Lagerfeuer.*
Dank je. Dat is leuk.	*Danke. Das ist toll.*
Neem een wijntje of frisdrank. Kijk naar het vuur, luister naar de vogels.	*Nimm dir einen Wein oder Limo. Schau das Feuer an, hör den Vögeln zu.*
Zullen we muziek maken?	*Wollen wir Musik machen?*
Graag! Zullen we zingen?	*Gerne! Wollen wir singen?*
Leuk idee. Graag een liedje in het Nederlands.	*Gute Idee. Gerne ein Lied auf Niederländisch.*
Ja, dat vind ik leuk.	*Ja, das finde ich toll.*

AUFFORDERUNGEN UND VORSCHLÄGE

Für Aufforderungen brauchst du die Grundform des Verbs: **Kijk!** *Schau!* **Luister!** *Hör zu!* **Nimm!** *Neem!*

Vorsicht: Ga zitten! *Setz dich! ist die Aufforderung für* **gaan zitten** *sich setzen. Das gilt auch für* **gaan liggen** *sich hinlegen.*

Vorschläge drückt man aus mit dem Verb **zullen** *sollen* in der 1. Person Plural: **Zullen we zingen?**

KIJK EN LUISTER

Aufforderungen, Sinne zu verwenden, funktionieren ebenfalls mit der Grundform. Also: **Voel de zon! Ruik de zee! Proef het wijntje!** Für Sehen oder Hören benutzt man aber statt **zien** und **horen** meist die zielgerichteteren Verben **kijken (naar)** *etwas anschauen* oder **luisteren (naar)** *etwas anhören / zuhören.*

11 Welche Aufforderung oder Vorschlag passt zu welchem Bild? Hör zu und schreib.

hören
Tr. 13

1. ______________

2. ______________

3. ______________

4. ______________

5. ______________

6. ______________

12

fühlen

Möchtest du dir das Meer mit einem Muschelmobile ins Haus holen? Dafür brauchst du nur:

- **stevige takjes (drijfhout)** *kräftige Hölzchen (Treibholz)*
- **dunne koorden** *dünne Kordel*
- **schelpen met gaatje** *Strandmuscheln mit kleinem Loch*
- **kraaltjes, ...** *Perlen, ...*

Und so geht's
Wikkel het touw rond de takjes.
Umwickle die Hölzchen mit Kordeln.
Rijg de schelpen met gaatjes aan het koord.
Knoop ze nog eens **vast**.
Ziehe die Muscheln auf eine Kordel. Knote sie nochmal extra fest.
Versier tussenin met kraaltjes of andere leuke dingen.
Schmücke dazwischen mit Perlen oder anderen schönen Dingen.
Knoop de koorden met de schelpen **vast** aan de takjes.
Knote die Kordeln mit den Muscheln an den Hölzchen fest.
Klaar is Kees! *Du hast es geschafft (wörtlich: Fertig ist Kees! Kees ist ein Jungenname.)*

Lösungen

1. 1. B, 2. F, 3. C, 4. A, 5. D, 6. E
3. 1. D kikker, 2. F zee, 3. A onweer, 4. H wind, 5. B vogel, 6. G koe, 7. C regen, 8. E zeehond
4. 1. Veurne, Koksijde, Nieuwpoort, Oostende, Zeebrugge; 2. Vlissingen, Domburg, Scheveningen, Katwijk, Zandvoort; 3. Texel, Vlieland, Terschelling, Ameland, Schiermonnikoog
7. 1. Zeehonden spotten, 2. Zwemmen, 3. Een zandkasteel bouwen, 4. Vis eten, 5. Bootje varen, 6. Een boek lezen, 7. Mosselen eten, 8. Naar de zon kijken
12. 1. C Ga zitten!, 2. A Zullen we zingen?, 3. B Luister!, 4. E Proef het eens!, 5. D Zullen we iets drinken!, 6. F Kijk eens!

Transkriptionen

TR. 8

Was für ein herrlicher Tag am Meer!
Ja, Ruud, es ist fantastisch schön.
Komm, wir gehen zum Strand, Eefje.
Ich fühle das Sand. Ich rieche das Meer und schmecke das Salz auf meinen Lippen.
Schau, Muscheln! Ich bastle etwas mit Muscheln und baue eine Sandburg.
Mach nur, ich möchte schwimmen und dann schön in der Sonne liegen.
Findest du das nicht ein wenig langweilig?
Nein, das mag ich. Keine Wolke, kein Regen, kein Gewitter. Was möchte man noch?
Ein Käsebrötchen?
Nun, das mag ich. Siehst du das Segelboot? Es gibt wenig Wind.
Hör zu! Hörst du die Möwen?
Ruud, wo ist der Käse?
Du schaust zum Segelboot, und wer isst dir den Käse vom Brot?

TR. 11

Ga zitten. Relax. Sluit je ogen! Adem in en uit.	*Setz dich. Entspann dich. Schließ deine Augen! Atme ein und aus.*
Je bent op het strand.	*Du bist am Strand.*
Ga liggen.	*Leg dich hin.*
Voel je het zand?	*Fühlst du den Sand?*
Het is zacht en warm.	*Er ist weich und warm.*
Zie je de zon?	*Siehst du die Sonne?*
Het is warm. Het is lekker weer. Het voelt lekker.	*Es ist warm. Es ist schönes Wetter. Es fühlt sich gut an.*
Relax. Adem in en uit.	*Entspann dich. Atme ein und aus.*
Voel nu de wind.	*Fühle jetzt den Wind.*
Voel je de wind?	*Fühlst du den Wind?*
Hij is zacht en fris.	*Er ist sanft und kühl.*
De wind aan zee.	*Der Wind am Meer.*
Luister goed nu!	*Hör jetzt gut zu!*
Het ruisen van de zee.	*Das Meeresrauschen.*
Hoor je dat?	*Hörst du das?*
En de kinderen?	*Und die Kinder?*
Ze spelen op het strand.	*Sie spielen am Strand*
Zie je ze?	*Siehst du sie?*
Relax.	*Entspann dich.*
Adem in en uit.	*Atme ein und aus.*
Open nu je ogen.	*Öffne jetzt deine Augen.*
Adem in en uit	*Atme ein und aus.*

Lektionswortschatz

zon, de	*Sonne*
regen, de	*Regen*
wind, de	*Wind*
wolkje, het	*Wolke*
onweer, het	*Gewitter*
zee, de	*Meer*
meer, het	*See*
strand, het	*Strand*
zand, het	*Sand*
zandkasteel, het	*Sandburg*
zeilboot, de	*Segelboot*
schelpjes, de	*Muschel*
vogel, de	*Vogel*
meeuw, de	*Möwe*
zeehond, de	*Seehund*
kikker, de	*Frosch*
mossel, de	*Miesmuschel*
koe, de	*Kuh*
gras, het	*Gras*
kampvuur, het	*Lagerfeuer*
Wat een ...	*Was für ein ...*
heerlijk	*herrlich*

dag, de/dagje, het	*Tag*
aan	*an, am*
fantastisch	*fantastisch*
kom	*komme*
lopen	*gehen*
naar	*zu, nach, in*
voelen	*fühlen*
ruiken	*riechen*
proeven	*schmecken*
zout, het	*Salz*
op	*auf*
mijn	*mein*
lippen, de	*Lippen*
kijken	*schauen*
knutselen	*basteln*
iets	*etwas*
met	*mit*
bouwen	*bauen*
doe maar	*mach nur*
willen	*wollen*
zwemmen	*schwimmen*
daarna	*danach*
liggen	*liegen*
vinden	*finden, mögen*
dat	*das*
niet	*nicht*
saai	*langweilig*
nee	*nein*
geen	*kein*
Wat wil je meer?	*Was möchte man noch?*
broodje, het	*Brötchen*
zien	*sehen*
echt	*wirklich*
weinig	*wenig*
luisteren	*zuhören*
horen	*hören*
waar	*wo*
niets	*nichts*
bij	*bei*
Ga zitten!	*Setz dich!*
sluiten	*schließen*
ogen, de	*Augen*
Ga liggen!	*Leg dich hin!*
zacht	*weich*
weer, het	*Wetter*
ademen	*atmen*
fris	*kühl*
goed	*gut*
nu	*jetzt*
ruisen	*rauschen*
kinderen, de	*Kinder*
spelen	*spielen*
openen	*öffnen*
Ik hou van jou	*Ich liebe dich*
de	*der/die*
het	*das*
een	*ein*
friet,de	*Pommes*
prei, de	*Lauchstange*
ui, de	*Zwiebel*
wortel, de	*Möhre*
bladselderij, de	*Stangensellerie*
droge witte wijn	*trockener Weißwein*
snijden	*schneiden*
groente, de	*Gemüse*
grof	*grob*
smelten	*schmelzen*
boter, de	*Butter*
pan, de	*Topf*
stoven	*dünsten*
alles	*alles*
roeren	*rühren*
afblussen	*löschen*
aan de kook brengen	*zum Kochen bringen*
deksel, het	*Deckel*
laten	*lassen*
stomen	*dämpfen*
klaar	*fertig*
open	*offen*
staan	*stehen*
serveren	*servieren*
boek, het	*Buch*
bootje, het	*Boot*
varen	*fahren (auf Wasser)*
nemen	*nehmen*
Zullen we ...?	*Wollen wir ...?*
idee, het	*Idee*
eens	*Mal*
stevig	*kräftig*
takjes, de	*Hölzchen*
drijfhout, het	*Treibholz*
dun	*dünn*
koord, het	*Kordel*
gaatje, het	*kleines Loch*
kraaltjes, de	*Perlen*
wikkelen	*wickeln*
rijgen	*aufziehen*
vastknopen	*festknöpfen*
versieren	*schmücken*

Allemaal familie

ALLES FAMILIE

sehen

Hast du eine große Familie und viele Verwandte? Und hast du auch Verwandte aus anderen Ländern oder Kulturen? In dieser Lektion lernst du Jaydens Familie kennen, deren Mitglieder aus verschiedenen Ländern kommen. Dafür lernst du nun Wörter zu Familie, Ländern und Sprachen kennen. Hör zu und sprich nach.

hören
Tr. 14

de ouders
Eltern

de vader
Vater

de moeder
Mutter

het kind
Kind

de kinderen
Kinder

de koningin
Königin

de koning
König

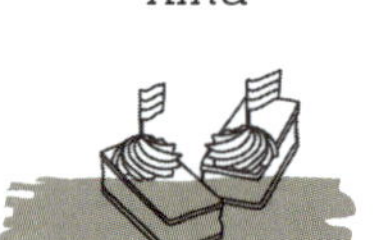

de tompouce
Tompouce

Nederland
Niederlande

België
Belgien

Suriname
Suriname

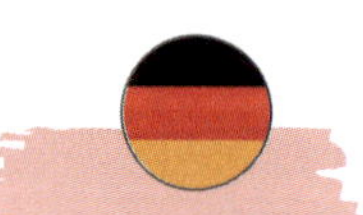

Duitsland
Deutschland

Oostenrijk
Österreich

Zwitserland
Schweiz

Marokko
Marokko

Frankrijk
Frankreich

het gebak
Kuchen

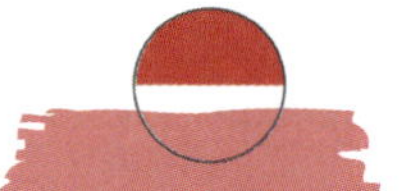

Indonesië
Indonesien

Zuid-Afrika
Süd-Afrika

Curaçao
Curaçao

Tr. 15

- Hoi Emma. Leuk je te zien.
- ◎ Hoi Jayden. Gefeliciteerd met je verjaardag! Wie zijn er allemaal?
- Mijn ouders. Mijn broers en zussen. Oma en opa zijn er nog niet. Ze komen uit Brussel.
- ◎ Spreken ze Nederlands?
- Ja, hoor! Ze spreken ook Afrikaans.
- ◎ Waar komen ze vandaan?
- Uit Kaapstad, uit Zuid-Afrika.
- ◎ Kom jij niet uit Suriname?
- Nee, ik ben in Curaçao geboren, maar ben Nederlander.
- ◎ Vandaag is het Koningsdag, toch?
- Dat klopt. De koning is op 27 april jarig. Wil je een tompouce?
- ◎ Tom wat? Dat klinkt Frans, toch?
- Inderdaad, we eten het gebak altijd op Koningsdag. Hou je van zoet?
- ◎ Nou, geef mij maar een kipsaté!

1 hören Tr. 16

Jetzt hörst du einen Text über Emmas Familie. Kreuz die Länder an, die du hörst. Schreib den Namen des Familienmitglieds unter das Bild.

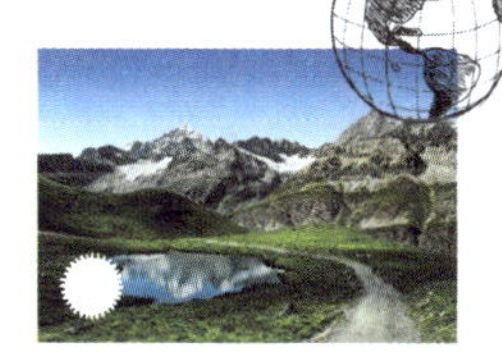

1. ______ 2. ______ 3. ______ 4. ______

5. ______ 6. ______ 7. ______ 8. ______

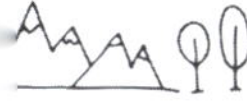

INTERNATIONALE SPRACHE

Niederländisch ist die offizielle Sprache in den Niederlanden, Belgien und Suriname. Suriname ist seit 1975 unabhängig. Die zwischenstaatliche Organisation **Taalunie** ist in den drei Ländern zuständig für sprachpolitische Entwicklungen.

LÄNDER IM KÖNIGREICH DER NIEDERLANDE

Zum **Koninkrijk der Nederlanden** gehören **Nederland** und die karibischen Länder **Aruba**, **Curaçao** und **Sint Maarten**.

ALLEMAAL FAMILIE!

broer *Bruder*
zus *Schwester*
broers en zussen *Geschwister*
zoon *Sohn*
dochter *Tochter*
kleinzoon *Enkel*
kleindochter *Enkelin*
grootouders *Großeltern*
oma *Großmutter*
opa *Großvater*
tante *Tante*
oom *Onkel*
nicht *Nichet, Cousine*
neef *Neffe, Cousin*

PATCHWORKFAMILIE

In den Niederlanden (NL) und Belgien (B) spricht man von einem **nieuw samengesteld gezin** *neu zusammengesetzte Familie*. Kinder aus vorherigen Beziehungen heißen **bonuskinderen** in den Niederlanden und **pluskinderen** in Belgien. **Halfzus** *Halbschwester* und **halfbroer** *Halbbruder* sind nach wie vor üblich, wenn man ein gemeinsames Elternteil hat.

2 Jayden hat noch mehr **familie** *Verwandte*. Hier siehst du seinen Stammbaum. Trag zu den Namen die entsprechenden Verwandtschaftsbeziehungen ein. V. steht für **vrouwelijk** *weiblich*, m. für **mannelijk** *männlich*.

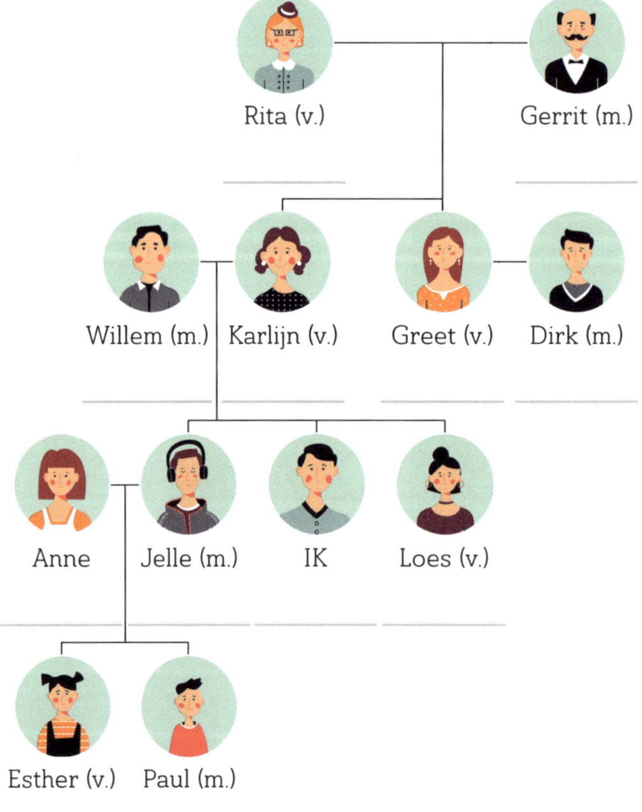

* schoonzus
* neef
* opa
* oom
* oma
* broer
* moeder
* tante
* vader
* zus
* nicht

Das Possessivpronomen

mijn	*mein(e)*	
je (jouw)	*dein(e)*	
uw	*Ihr(e)*	**ons / onze**
zijn	*sein(e)*	het **kind** → ons **kind**
haar	*ihr(e)*	de **dochter** → onze **dochter**
ons/onze	*unser/unsere*	de **ouders** → onze **ouders**
jullie	*euer(e)*	
hun	*ihr(e)*	

Die Possessivpronomen bleiben bis auf **ons/onze** unveränderlich.

3 Ein Freund oder eine Freundin zeigt dir ein Foto seiner bzw. ihrer Familie. Setz die fehlenden Possessivpronomen ein.

1. Kijk, dat zijn ______ grootouders. ______ opa is nu 90.
2. Hier zie je onze kinderen: ______ zoon en ______ dochter.
3. Jij hebt ook kinderen, toch? Hoe oud zijn ______ kinderen?
4. Mijn broer staat hier en dat is ______ vrouw. Hij heeft geen kinderen.

Plural und das Verb hebben (haben)

	hebben	Plural	Pluralbildung
ik	**heb**	**twee zussen**	auf **-en**
je (jij)	**hebt**	**twee vaders**	auf **-s** nach é, ie.
u	**hebt**	**drie broers**	auf **-s** nach el, er, em, en, e, wenn
hij/ze (zij)/het	**heeft**	**vier tantes**	e unbetont ist. Auch: **ooms**.
we (wij)		**vier oma's en**	
jullie	**hebben**	**opa's**	auf **-'s** nach Wörtern, die auf a, i,
ze (zij)		**twee baby's**	o, u und y enden.

Tompouce

KUCHEN FÜR DEN KÖNIGSTAG

schmecken

Tompouce ist eine Süßspeise, die es sogar in Orange und in allen Regenbogenfarben gibt. Einen Tompouce erkennst du immer an den zwei knusprigen Blätterteigschichten mit einer herrlichen Tortencreme dazwischen. Traditionell wird er in den Niederlanden zum Königstag am 27. April serviert. In Belgien gibt es Tompouce auf französiche Art in fast jeder Bäckerei. **Eet smakelijk!** *Guten Appetit!*

Zutaten:

8 plakjes bladerdeeg *Blätterteigblätter* – **75 g poedersuiker** *Puderzucker* – **1 zakje banketbakkersroom** *1 Tüte Tortencreme* – **wortelsap** *Möhrensaft*

1. Verwarm de oven op 200 graden.

2. Snij de bladerdeegplakjes doormidden en leg ze los van elkaar op de bakplaat. Prik er gaatjes in met de vork. Bak ze 15 minuten bruin en laat afkoelen.

3. Maak de banketbakkersroom.

4. Roer de poedersuiker met het wortelsap tot een smeerbaar glazuur

5. Doe de room op een plakje bladerdeeg, leg een plakje op de room en besmeer met de oranje kleur.

1. *Erhitze den Ofen auf 200 Grad.*
2. *Halbiere die Blätterteigblätter und lege sie getrennt voneinander auf das Backblech. Mit der Gabel Löcher stechen. 15 Minuten backen und abkühlen lassen.*
3. *Bereite die Tortencreme zu.*
4. *Rühre den Puderzucker mit dem Möhrensaft zu einer streichfähigen Glasur.*
5. *Gib etwas Tortencreme auf ein Blätterteigblatt und leg ein weiteres Blatt darauf. Bestreiche es mit der orangenen Glasur.*

4 Hör die Zahlen von 1 bis 10, sprich nach und schreib auf.

hören
Tr. 17

1. ....
2. ....
3. ....
4. ....
5. ....

6. ....
7. ....
8. ....
9. ....
10. ....

5 Schreib jeweils die Mehrzahl auf.

1. een kind – twee ....
2. een baby – zes ....
3. een oom – drie ....
4. een man – zeven ....
5. een vrouw – vier ....
6. een jongen – acht ....
7. een oma – vijf ....
8. een meisje – negen ....

6 **Hoeveel?** *Wie viele?* **Hoeveel zussen en broers, kinderen of ooms en tantes heb je?**

Verbinde die Fragen mit passenden Antworten und beantworte selbst die Fragen!

1. Hoeveel broers en zussen heb je?
2. Hoeveel kinderen heb je?
3. Hoeveel neven en nichten heeft je moeder?
4. Hoeveel ooms heb je?
5. Hoeveel grootouders heb je?

A Ze heeft er tien, vier nichtjes en zes neefjes.
B Ik heb er vijf. Drie uit Zuid-Afrika en twee uit Indonesië.
C Drie. Twee oma's en één opa.
D Ik heb twee broers en één zus.
E Vijf. Vier meisjes en één jongen.

WIE VIELE GESCHWISTER HAST DU?

Die Antwort auf die Frage **Hoeveel broers en zussen heb je?** *Wie viele Geschwister hast du?* lautet: **Ik heb er drie.** *Ich habe drei davon (= Geschwister).* Das Wort **er** ersetzt in der Antwort **broers en zussen**. Du darfst natürlich auch antworten: **Ik heb drie broers en zussen.**

riechen

Mmmmh ... lekker! Essen aus anderen Ländern bringt uns einzigartige Gerüche. Stell dir diese Gerichte vor. Welche riechst du gerne? Ordne die Bilder den passenden Namen zu.

___ **A** Spaanse paella
___ **B** Griekse tzatziki
___ **C** Italiaanse pizza
___ **D** Amerikaanse hamburger
___ **F** Indonesische nasi
___ **G** Japanse sushi
___ **H** Zweedse kaneelbroodjes
___ **I** Franse kaas

8

hören
Tr. 18

Waar komt Nadia vandaan? *Woher kommt Nadia?* Höre zu und kreuze an.

1. Nadia ...
- ◯ **A** komt uit Marokko.
- ◯ **B** komt uit Zweden.
- ◯ **C** heeft Belgische ouders.

2. Nadia's vader ...
- ◯ **A** komt uit Marokko.
- ◯ **B** heeft drie broers.
- ◯ **C** maakt heerlijke Tajines.

3. Nadia's moeder...
- ◯ **A** komt uit Marokko.
- ◯ **B** heeft twee zussen.
- ◯ **C** vindt Belgisch eten niet lekker.

4. Nadia ...
- ◯ **A** houdt niet van vis.
- ◯ **B** eet geen mosselen.
- ◯ **C** vindt Tajine lekker.

hören
Tr. 19

Jetzt bist du dran! Im nächsten Track darfst du Fragen zu deiner Herkunft und Familie beantworten. Antworte und stell Gegenfragen.

10 hören Tr. 20

Bastle dir einen eigenen Geburtstagskalender auf Niederländisch wie in dieser Vorlage! Mit eigenen Bildern kannst du den Kalender aufhübschen und gleichzeitig deinen Wortschatz wiederholen. Fallen dir die Wörter schon spontan ein? Auf Track 20 hörst du alle Monatsnamen, Wochentage und Zahlen von 11 bis 31. Sprich sie nach, während du bastelst. Dann lernst du die Wörter von selbst!

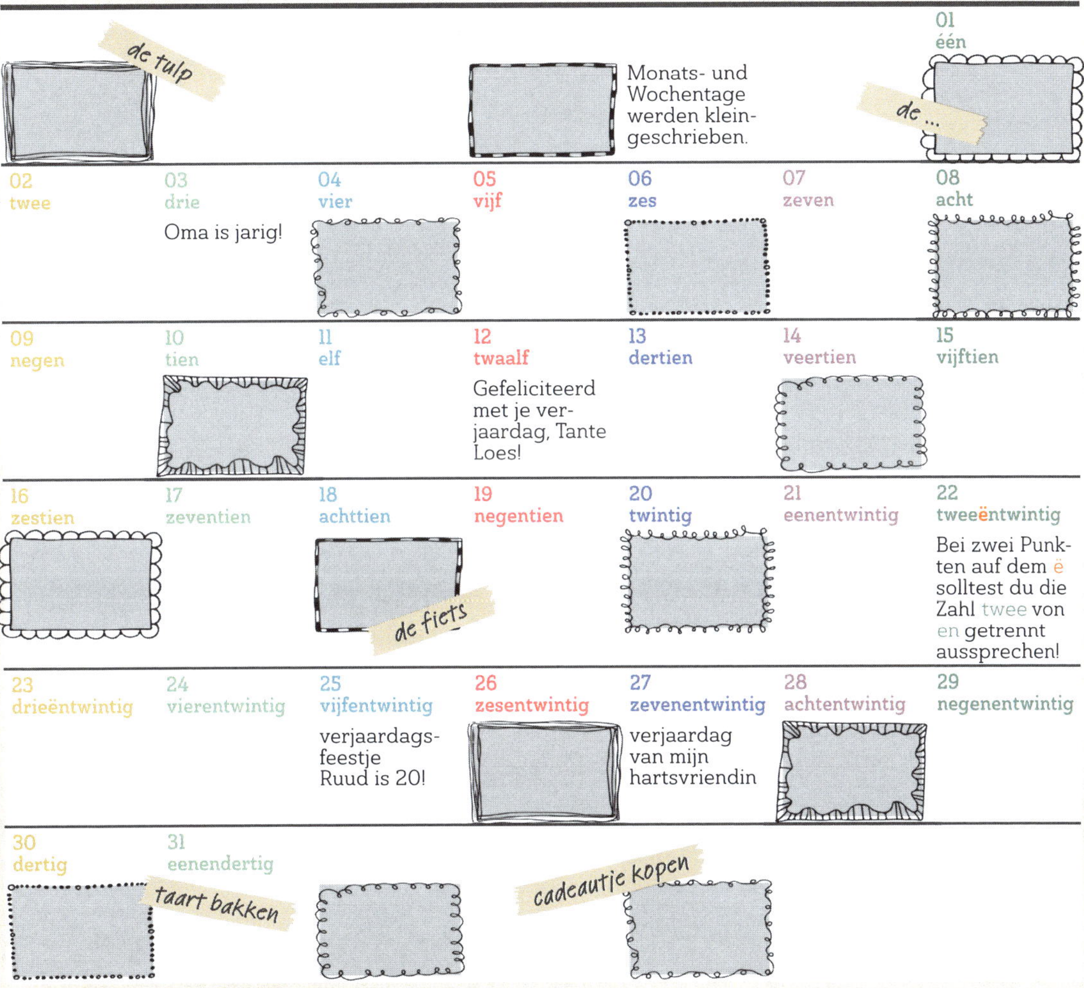

Lösungen

1. 1. Indonesië: vader van Emma, 2. Nederlands: Jayden, 3. Duitsland: moeder van Emma, 4. Zwitserland: Emma, 7. Zuid-Afrika: grootouders van Jayden, 8. Curaçao: Jayden
2. Rita = oma, Gerrit = opa, Willem = vader, Karlijn = moeder, Greet = tante, Dirk = oom, Anne = schoonzus, Jelle = broer, Loes = zus, Esther = nicht, Paul = neef
3. 1. mijn, mijn, 2. onze, onze, 3. jouw, 4. zijn
4. 1. één, 2. twee, 3. drie, 4. vier, 5 vijf, 6 zes, 7 zeven, 8 acht, 9 negen, 10 tien
5. 1. kinderen, 2. baby's, 3. ooms, 4. mannen, 5. vrouwen, 6. jongens, 7. oma's, 8. meisjes
6. 1. D, 2. E, 3. A, 4. B, 5. C
7. 1. I, 2. F, 3. B, 4. C, 5. A, 6. G, 7. H, 8. D
8. 1. A, 2. C, 3. A, 4. C

Transkriptionen

TR. 15
Hi Emma. Schön, dich zu sehen.
Hi Jayden. Glückwunsch zu deinem Geburtstag!
Wer ist alles da?
Meine Eltern. Meine Geschwister. Oma und Opa sind noch nicht da. Sie kommen aus Brüssel.
Sprechen sie Niederländisch?
Ja, sicher! Sie sprechen auch Afrikaans.
Woher kommen sie?
Aus Kapstadt, aus Südafrika.
Kommst du nicht aus Suriname?
Nein, ich bin in Curaçao geboren, bin aber Niederländer.
Heute ist Königstag, oder?
Das stimmt. Der König hat am 27. April Geburtstag. Möchtest du ein Tompouce?
Tom wie bitte? Das klingt Französisch, oder?
Jawohl, wir essen den Kuchen immer am Königstag. Magst du Süßes?
Na, gib mir doch einen Hühnerspieß!

TR. 16

• Hoi, ik ben Emma.	*Hallo, ich bin Emma.*
• Waar kom je vandaan, Emma?	*Woher kommst du, Emma?*
• Ik kom uit Bazel, Zwitserland.	*Ich komme aus Basel, der Schweiz.*
• Je familie is dus Zwitsers?	*Deine Familie ist also schweizerisch?*
• Mijn moeder komt uit Duitsland, uit Berlijn. En mijn vader komt uit Indonesië, uit Djakarta. Mijn vriend Jayden is Nederlander, maar hij is in Curaçao geboren. Zijn grootouders komen uit Zuid-Afrika, uit Kaapstad.	*Meine Mutter kommt aus Deutschland, aus Berlin. Und mein Vater kommt aus Indonesien, aus Djakarta. Mein Freund Jayden ist Niederländer, aber er ist.in Curaçao geboren. Seine Großeltern kommen aus Südafrika, aus Kapstadt.*

TR. 18

• Hoi, Ik heet Nadia.	*Hi, ich heiße Nadia.*
• Hoi, Nadia. Waar kom je vandaan?	*Hi Nadia. Woher kommst du?*
• Ik kom uit Marokko. Ik heb een grote familie: drie broers en twee zussen.	*Ich komme aus Marokko. Ich habe eine große Familie: drei Brüder und zwei Schwestern.*
• Komen je ouders ook uit Marokko?	*Sind deine Eltern auch aus Marokko?*
• Mijn moeder wel, maar mijn vader komt uit België.	*Meine Mutter ja, aber mein Vater kommt aus Belgien.*
• Hou je van Belgisch of Marokkaans eten?	*Magst du belgisches oder marokkanisches Essen?*
• Ik hou van vis en eet graag mosselen. Belgen koken lekker. In Marokko eet je ook veel vis. Ik hou ook van Tajine. Mijn vader maakt heerlijke Tajines.	*Ich mag Fisch und esse gern Miesmuscheln. Belgier kochen lecker. In Marokko isst man auch viel Fisch. Ich mag auch Tajine. Mein Vater macht herrliche Tajines.*
• Mmmmh, ik vind dat ook heel lekker.	*Mmmh, ich finde das auch lecker.*

Lektionswortschatz

ouders, de	*Oma*
vader, de	*Vater*
moeder, de	*Mutter*
kind, het	*Kind*
koningin, de	*Königin*
koning, de	*König*
tompouce, de	*Tompouce*
Nederland, Nederlands	*Niederlande, niederländisch*
België, Belgisch	*Belgien, belgisch*
Suriname, Surinaams	*Suriname, surinamisch*
Duitsland, Duits	*Deutschland, deutsch*
Oostenrijk, Oostenrijks	*Österreich, österreichisch*
Zwitserland, Zwitsers	*Schweiz, schweizerisch*
Marokko, Marokkaans	*Marokko, Marrokanisch*
Frankrijk, Frans	*Frankreich, französisch*
gebak, het	*Kuchen*
Zuid-Afrika, Zuid-Afrikaans	*Südafrika, südafrikanisch*
Indonesië, Indonesisch	*Indonesien, indonesisch*
Curaçao	*Curaçao*
hoi	*hi, hallo*
gefeliciteerd met	*Glückwunsch zu*
verjaardag, de	*Geburtstag*
allemaal	*alles, alle*
oma, de	*Oma*
opa, de	*Opa*
nog	*noch*
uit	*aus*
spreken	*sprechen*
vandaan	*her*
geboren	*geboren*
Koningsdag	*Königstag*
toch?	*oder?*
dat klopt	*das stimmt*
is jarig	*hat Geburtstag*
klinken	*klingen*
inderdaad	*jawohl*
altijd	*immer*
zoet	*süß*
geef mij maar	*ich bevorzüge*
dus	*also*
grootouders, de	*Großeltern*
wel	*schon*
koken	*kochen*
broers en zussen, de	*Geschwister*
kleinzoon, de	*Enkel*
kleindochter, de	*Enkelin*
oma, de	*Großmutter*
opa, de	*Großvater*
tante, de	*Tante*
oom, de	*Onkel*
nicht, de	*Nichte, Cousine*
neef, de	*Neffe, Cousin*
zwager, de	*Schwager*
schoonzus, de	*Schwägerin*
halfbroer, de	*Halbbruder*
halfzus, de	*Halbschwester*
oud	*alt*
Spaans	*spanisch*
Grieks	*griechisch*
Japans	*japanisch*
Zweeds	*schwedisch*
verjaardagskalender, de	*Geburtstagskalender*
januari	*Januar*
februari	*Februar*
maart	*März*
april	*April*
mei	*Mai*
juni	*Juni*
juli	*Juli*
augustus	*August*
september	*September*
oktober	*Oktober*
november	*November*
december	*Dezember*
maandag	*Montag*
dinsdag	*Dienstag*
woensdag	*Mittwoch*
donderdag	*Donnerstag*
vrijdag	*Freitag*
zaterdag	*Samstag*
zondag	*Sonntag*
tulp, de	*Tulpe*
taart, de	*Kuchen*
bakken	*backen*
cadeautje, het	*Geschenk*
kopen	*kaufen*

Gezond leven

GESUND LEBEN

Lernen geht am besten, wenn du entspannt bist. Eine kleine Fingerübung hilft dir dabei. Bring Daumen- und Zeigefinger zueinander: Was siehst du? Was hörst du, wenn der Daumen den Mittelfinger berührt? Jetzt berührt der Daumen den Ringfinger. Was riechst du? Du legst den Daumen und den kleinen Finger aneinander. Was schmeckst du? Balle nun die Faust und spüre alle deine Sinne. Lass dich jetzt auf eine akustische Reise durch den Körper ein. Hör zu und schließ die Augen!

hören
Tr. 21

het hoofd *Kopf*

het gezicht *Gesicht*

de neus *Nase*

het oor *Ohr*

de mond *Mund*

de kin *Kinn*

de hals *Hals*

het haar *Haar(e)*

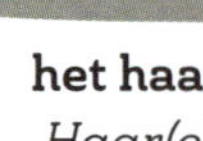

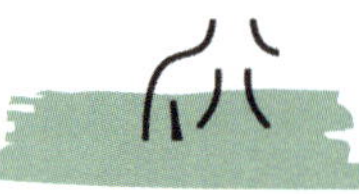

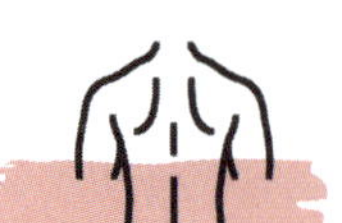

de schouder *Schulter*

de borst *Brust(korb)*

de buik *Bauch*

de rug *Rücken*

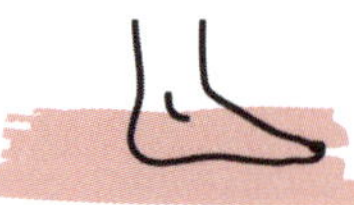

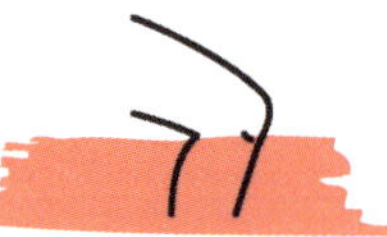

de voet *Fuß*

de hand *Hand*

de arm *Arm*

het been *Bein*

de baard *Bart*

de bril *Brille*

de oorbellen *Ohrringe*

de tatoeage *Tätowierung*

Tr. 22

- Hoi Carla, ik heb een date straks.
- ◎ Geweldig! Hoe ziet hij of zij eruit?
- Hier zie je hem. Is hij niet mooi?
- ◎ Jazeker! Hij heeft prachtige blauwe ogen, blond haar. Leuke kerel!
- Grapje, lieverd. Dat is hem niet. Het uiterlijk is toch niet zo belangrijk.
- ◎ Als hij maar lief is en jullie over alles kunnen praten. Dan mag hij best lelijk zijn. En een goed karakter...
- ◎ Precies! Hier zie je hem nu echt. Hoe vind je hem? Ik ben nu al zo verliefd.
- Nou, hij is wel heel erg knap met zijn mooie krullen en gespierde lichaam.
- ◎ Wat zeg je nu? Wil je het niet over zijn karakter hebben?
- Ga jij maar eerst lekker daten!

1 Im Dialog gibt es viele Fragen. Verbinde die Fragen mit den passenden Antworten.

1. Hoe ziet hij eruit?	**A** Hij is lief.
2. Is hij niet mooi?	**B** Hij heeft prachtige ogen.
3. Is het uiterlijk belangrijk?	**C** Jazeker.
4. Wat vind je van hem?	**D** Nee, hoor.
5. Wil je het niet over zijn karakter hebben?	**E** Ik vind hem heel knap.

2 Such dir einen bequemen Platz. Am besten legst du dich hin. Höre zu und mach eine Reise durch deinen Körper.

Tr. 23

FALSCHE FREUNDE ENKEL & DOOF

Auf Niederländisch heißt **enkel** *Fußgelenk* und nicht **kleinzoon, kleinkinderen** *Enkel*.

Doof heißt *taub* und **doofstom** ist *taubstumm*. Versuch nun folgenden Satz zu übersetzen: **Ze zingt niet graag. Ze is doof.** *Sie singt nicht gerne. Sie ist taub.* Falls du die Person auch wirklich doof findest, sagst du: **Ze is stom** *blöd*. Aber Vorsicht beim Satz: **Ze is doofstom.** *Sie ist taubstumm*. Na, bist du ins Schwitzen gekommen?

3 Ordne die Namen der Körperteile den entsprechenden Bildern zu.

* schouder * rug * tanden * borst * benen * voeten * kin * buik

  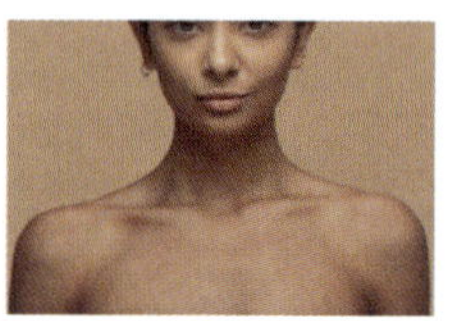 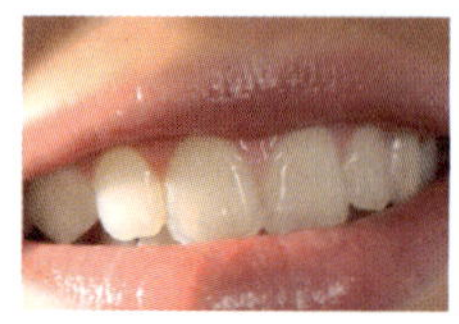

1. ____________ 2. ____________ 3. ____________ 4. ____________

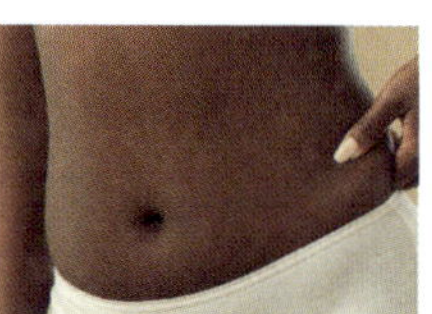 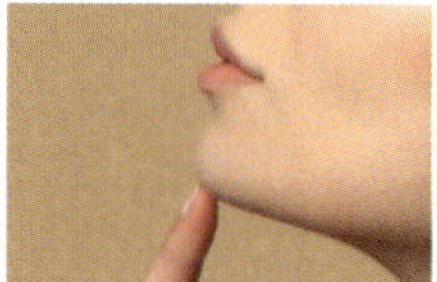 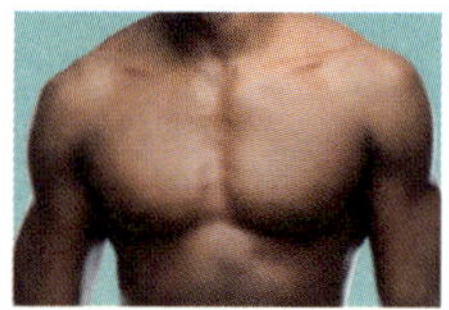 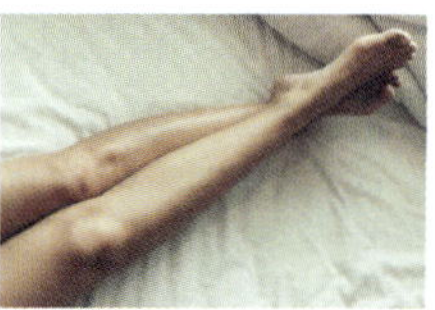

5. ____________ 6. ____________ 7. ____________ 8. ____________

4 **Wie is het?** *Wer ist es?* Ordne die Gesichter den Beschreibungen zu.

sehen

___ **A** Annabelle heeft kort haar en draagt grote oorbellen.
___ **B** Bert is een jonge man met baard en hij draagt een bril.
___ **C** Charlotte heeft kort blond haar en grote ogen.
___ **D** Daan heeft krullen.
___ **E** Emma draagt een bril en heeft een piercing in haar neus.
___ **F** Fred is **kaal** *kahl*, draagt een bril en ziet er niet meer zo jong uit.

Das Adjektiv

mooi *schön*, **blauw** *blau*, **leuk** *toll* und **groot** *groß* sind Adjektive. Du kannst sie allein anwenden: **Ik vind het leuk.** *Ich finde es toll.* Oder mit einem Nomen: **Leuke kerel!** *Toller Typ!*

de / een / geen leuke man / vrouw und **het leuke meisje**,
aber: **een / geen leuk meisje**
Plural: immer **+ e** ➡ **de leuke mensen**, **leuke mensen**, **(geen) leuke meisjes**

5 Jetzt bist du dran. Schau dir nochmals die Porträts von Bert und Emma in Übung 4 an. Füg dem Adjektiv ein ‚e' hinzu, wenn es nötig ist.

Bert: Bert is een jong__ 1 man. Hij draagt een modern__ 2 bril. Hij heeft kort__ 3 haar. Hij heeft ook mooi__ 4 krullen.
Emma: Emma is geen klein__ 5 meisje meer. Ze draagt een mooi__ 6 bril. Ze heeft geen kort__ 7, maar lang__ 8 haar. Ze is een leuk__ 9 vrouw.

Modalverben

Die Verben **willen** *wollen*, **kunnen** *können*, **moeten** *müssen*, **mogen** *dürfen* heißen Modalverben und können wie im Deutschen sowohl alleine als auch mit einem Infinitiv benutzt werden. **Ik wil een frisdrank.** ⟶ **Ik wil iets drinken.**
Zij kan dat. ⟶ **Ze kan mooi knutselen.**

Singular	Plural	Vorsicht!
ik, je, u, hij, ze, het	**we, jullie, ze**	**mogen** ist nicht gleich *mögen*: **Ze mag dat niet doen.** *Sie darf das nicht machen.* **Ze vindt dat wel leuk.** *Sie* **mag** *das aber.*
wil, kan, moet, mag	**willen, kunnen, moeten, mogen**	

6 Setz das richtige Modalverb ein. Wähle aus: **mag (2x), wil, kan, moet.**

1. Op Koningsdag __________ alles.
2. Yvke __________ voor de koning iets knutselen.
3. Ze __________ heel mooi schrijven *schreiben*.
4. __________ ze ook Tompouce eten?
5. Nee, dat __________ ze als ze wil.

REZEPT

Indonesische groentecurry

INDONESISCHES GEMÜSECURRY

Schmecken

Die indonesische Küche ist nicht nur besonders lecker, sondern auch sehr gesund. Für dieses einfache Gemüsecurry brauchst du nur Currypulver, Ingwer und Kokosmilch. Variiere dieses Basisrezept mit möglichst verschiedenen Gemüsesorten. Achte dabei auf eine bunte Farbpalette und begib dich auf eine imaginäre Reise nach Indonesien.

Zutaten:

2 aardappelen *Kartoffeln* – **1 ui** *Zwiebel* – **1 aubergine** *Aubergine* – **200 g Chinese kool** *Chinakohl* – **wortel** *Möhre* – **arachide-olie** *Öl* – **knoflook** *Knoblauch* – **gember** *Ingwer* – **kerriepoeder** *Currypulver* – **1 TL citroenschil** *Zitronenschale* – **1 EL citroensap** *Zitronensaft* – **2,5 dl santen** *Kokosmilch* – **150 g erwten** *Erbsen*

1. **Aardappelen en aubergine in blokjes snijden. Chinese kool, wortel en ui snijden.**
2. **Olie verhitten, ui erbij doen, 2 minuten stoven. Knoflook, gember en kerriepoeder toevoegen en 2 minuten stoven.**
3. **Citroenschil en -sap, water en santen toevoegen en alles aan de kook brengen.**
4. **Aardappelen en aubergine toevoegen en 15 minuten op laag vuur sudderen. Erwten, kool en wortel de laatste 5 minuten zachtjes mee laten koken.**

1. *Kartoffeln und Aubergine würfeln. Chinakohl, Möhre und Zwiebel schneiden.*
2. *Öl erhitzen, Zwiebel hinzufügen, 2 Min. dünsten. Knoblauch, Ingwer und Currypulver hinzufügen und 2 Min. dünsten.*
3. *Zitronenschale und -saft, Wasser und Kokosmilch hinzufügen und alles zum Kochen bringen.*
4. *Kartoffeln und Aubergine hinzufügen und 15 Min. auf kleiner Flamme köcheln. Erbsen, Kohl und Möhre die letzten 5 Min. mitköcheln lassen.*

Personalpronomen im Objektfall

Das Niederländische macht bei den Objektpronomen keinen Unterschied zwischen dem Dativ und dem Akkusativ. Vergleiche die Sätze: **Zie je hem?** *Siehst du ihn?* **Zeg het hem!** *Sag es ihm!*

Subjekt	Objekt		Subjekt	Objekt	
ik	**me (mij)**	*mich, mir*	we	**ons**	*uns*
je / u	**je (jou) / u**	*dich/Sie, dir/Ihnen*	jullie	**jullie**	*euch*
hij / ze	**hem / haar**	*ihn/sie, ihm/ihr*	ze	**hen/hun (ze)**	*sie, Ihnen*

Die Pronomen werden sehr oft von Präpositionen wie **met** *mit*, **van** *von* begleitet.
Hoe gaat het met je? *Wie geht es dir?* ➡ **Met mij gaat het goed!** *Mir geht es gut!*
Hou je van mij? *Liebst du mich?* ➡ **Ik hou van jou!** *Ich liebe dich!*
Achtung, in der 3. Person Plural gibt es einen Unterschied zwischen indirektem (**hen**) und direktem (**hun**) Objekt. Nach Präpositionen wird **hen** verwendet – und in allen drei Fällen auch **ze**.

7 **Hoe gaat het met je?** *Wie geht es dir?* Setz die passenden Personalpronomen ein.

1. Hoe gaat het met je? Met ______ gaat het goed.
2. Hoe gaat het met Jayden? Met ______ gaat het heel goed.
3. Hoe gaat het met Carla? Met ______ gaat het prima.
4. Hoe gaat het met jullie? Met ______ gaat het fantastisch.
5. Hoe gaat het met je ouders? Met ______ gaat het uitstekend.

8 Sortier die Wörter in die passende Kategorie ein: Welche beschreiben **grootte** *Größe*, welche **leuk uitzien** *gutes Aussehen* und welche **het karakter** *den Charakter*? Schlag im Lektionswortschatz nach, falls du Wörter noch nicht kennst.

grootte:	leuk uitzien:	het karakter:

* schattig * dik * mooi * blond * kort * lelijk * lief * sympathiek * slank * knap * lang

9

fühlen

Hou je van je lichaam? *Magst du deinen Körper?* Bestimmt geht es dir wie den meisten Menschen: Manches an dir magst du mehr, manches weniger. Fühl in dich hinein und finde drei Dinge, die du an dir magst. Schreib auf.

1. Ik hou van mijn ______________________ .
2. Ik vind mijn ______________________ .
3. Ik kan goed ______________________ .

SCHON WIEDER EIN FALSCHER FREUND!

Mit **lichaam** *Körper* ist zum Glück nicht ein **lijk** *Leichnam* gemeint. Etwas verwirrend ist es schon.

hören

Tr. 24

Luister naar Mark en An. Die beiden unterhalten sich über die neue Nachbarin. Und An hat einen Plan. Höre zu und kreuze an.

1. An wil voor Mark ...
   - ◯ **A** een nieuwe vriendin.
   - ◯ **B** een nieuwe collega.
   - ◯ **C** een nieuwe buur.
2. Mark houdt van vrouwen met ...
   - ◯ **A** rood haar.
   - ◯ **B** blond haar.
   - ◯ **C** donker haar.
3. De nieuwe buur van An heeft ...
   - ◯ **A** grote voeten en lange benen.
   - ◯ **B** een schattige neus.
   - ◯ **C** bruine ogen en krullen.
4. Fleur is ...
   - ◯ **A** de nieuwe buur van An.
   - ◯ **B** de nieuwe collega van Mark.
   - ◯ **C** de ex-vriendin van Mark.

hören

Tr. 25

Ze lijkt helmaal op jou! *Sie sieht total aus wie du!* Kim und Jaak überlegen, wem ihr Baby Lily ähnlich sieht. Kreuz an, was du hörst und notiere die Namen.

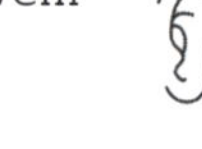

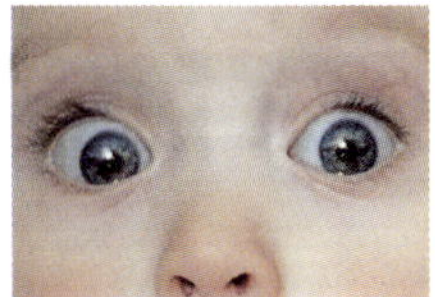

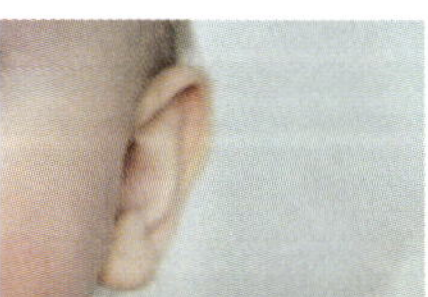

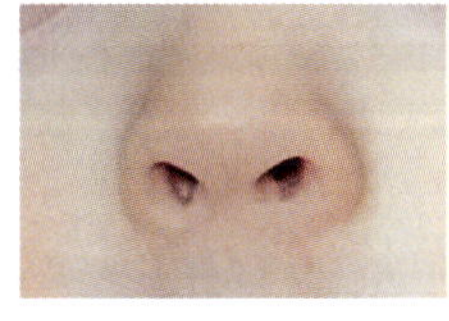

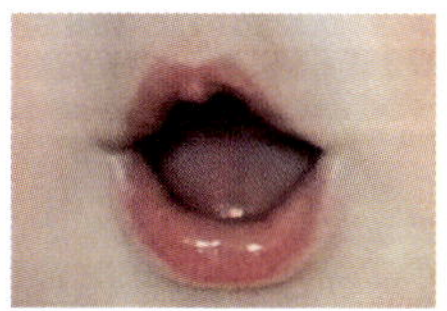

1. ______________ 2. ______________ 3. ______________ 4. ______________

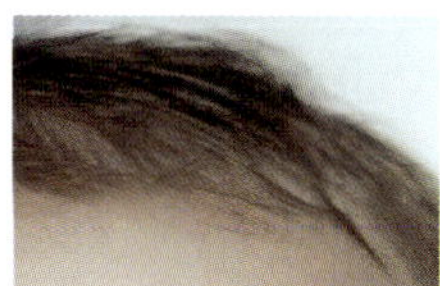

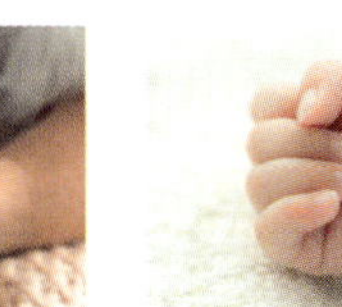

5. ______________ 6. ______________ 7. ______________ 8. ______________

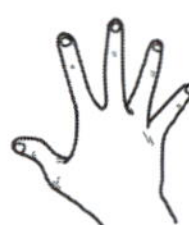

12

fühlen

hören

Tr. 26

Die Ortsnamen in den Niederlanden und Flandern haben ihren ganz eigenen Klang. Lass dich auf eine Reise in diese Klangwelt ein. Nimm schöne Buntstifte und male, während du die Ortsnamen hörst, die Buchstaben aus. Sie werden sehr langsam gesprochen.

Brugge
Gent
Tilburg
Utrecht
Hoek van Holland
Leiden
Nijmegen
IJmuiden
Leuven
Leeuwarden
Zierikzee
Sint-Niklaas

Lösungen

1. 1. B, 2. C, 3. D, 4. A, 5. E
3. 1. voet, 2. rug, 3. schouder, 4. tanden, 5. buik, 6. kin, 7. borst, 8. benen
4. A 5, B 6, C 2, D 1, E 4, F 3
5. 1. e, 2. e, 3. -, 4. e, 5. -, 6. e, 7. -, 8. -, 9. e
6. 1. wil, 2. kan, 3. mag, 4. wil, 5. moet
7. 1. me/mij, 2. hem, 3. haar, 4. ons, 5. hen/ze
8. grootte: kort, lang; uiterlijk: dik, mooi, blond, lelijk, slank, knap; karakter: schattig, lief, symphatiek
10. 1. A, 2. B, 3. B, 4. A+C
11. 1. Jaak, 2. vader van Jaak, 4. Kim, 5. moeder van Kim, 6. Jaak

Transkriptionen

TR. 22
Hi Carla, ich habe gleich einen Date.
Großartig! Wie sieht er oder sie aus?
Hier siehst du ihn. Ist er nicht schön?
Ja, sicher! Er hat prächtige blaue Augen, blondes Haar. Netter Typ!
War ein Scherz, meine Liebe. Das ist er nicht.
Das Aussehen ist doch nicht so wichtig.
Wenn er lieb ist und ihr über alles reden könnt.
Dann kann er schon hässlich sein. Und ein guter Charakter ...
Genau! Hier siehst du ihn nun wirklich. Wie findest du ihn? Ich bin jetzt schon verliebt.
Nun, er ist schon sehr hübsch mit seinen schönen Locken und muskulösem Körper.
Was sagst du nun? Willst du nicht über seinen Charakter reden?
Geh du zuerst mal auf einen Date!

TR. 23
Schließ die Augen. Atme ein und aus.
Gehe in Gedanken zu den Körperteilen, die ich nenne.
Fühle deinen Kopf. Fühle dein Haar.
Jetzt fühle deine Nase. Was riechst du? Deine Augen, deine Ohren, was hörst du? Und deinen Mund.
Entspanne dich. Atme ein und aus.
Gehe zu deine Schultern und spüre, wie sie auf dem Boden liegen.
Gehe zu deinem Hals, deiner Brust, deinem Bauch.
Atme ein und aus und folge dem Atem in deinem Brustkorb und Bauch. Atme tief ein und aus.
Fühle deine Arme. Sie liegen auf dem Boden.
Fühle deine Hände.
Entspanne dich und fühle deine Finger.
Atme ein und aus. Fühle nun deinen Rücken auf dem Boden.
Fühle deine Beine und deine Füße.
Entspanne dich.
Atme ein und aus.
Öffne jetzt die Augen.
Wie fühlst du dich?

TR. 24

• Mark, ik heb de perfecte vriendin voor jou.	*Mark, ich habe die perfekte Freundin für dich.*
• Echt? Waarom?	*Wirklich? Warum?*
• Ik heb een nieuwe buurvrouw.	*Ich habe eine neue Nachbarin.*
• En jij denkt ...	*Und du denkst ...*
• ... ja, ze wordt je nieuwe vriendin!	*... ja, sie ist deine nächste Freundin!*
• Oke. Hoe ziet ze eruit?	*Okay. Wie sieht sie aus?*
• Ze is groot en blond.	*Sie ist groß und blond.*
• Dat vind ik leuk. Mijn ex is groot en blond. En haar ogen?	*Ich mag das. Meine Ex ist groß und blond. Und ihre Augen?*
• Ze heeft blauwe ogen en een schattige neus.	*Sie hat blaue Augen und eine süße Nase.*
• Dat klinkt goed. Hoe heet ze?	*Das kling nett. Wie heißt sie?*
• Fleur.	*Fleur.*
• Je hebt gelijk. Zij is dé vrouw voor mij.	*Du hast recht. Sie ist die richtige Frau für mich.*
• Wat is er?	*Was ist los?*
• Voor haar ben ik niet dé man van haar leven ... Fleur is mijn ex-vriendin.	*Sie findet nicht, dass ich der richtige Mann für sie bin .... Fleur ist meine Exfreundin.*

TR. 25

• Onze Lily lijkt op jou.	*Unsere Lily sieht aus wie du.*
• Ze heeft jouw ogen.	*Sie hat deine Augen.*
• Dat klopt. Maar ze heeft jouw mond.	*Wahr. Aber sie hat deinen Mund.*

- Ja, maar ze heeft de oren van mijn vader. En ze heeft de kin van mijn moeder. — *Ja, aber die Ohren sind die meines Vaters. Und ihr Kinn ist das meiner Mutter.*
- En haar haar ... — *Und ihre Haare ...*
- Ze heeft geen haar! — *Sie hat keine Haare!*
- Precies, ze heeft jouw haar! — *Genau, sie hat deine Haare!*
- Heel grappig, schat. — *Sehr witzig, Schatz.*

Lektionswortschatz

hoofd, het	*Kopf*
gezicht, het	*Gesicht*
neus, de	*Nase*
oor, het	*Ohr*
mond, de	*Mund*
kin, de	*Kinn*
hals, de	*Hals*
haar, het	*Haar*
schouder, de	*Schulter*
borst, de	*Brust*
buik, de	*Bauch*
rug, de	*Rücken*
voet, de	*Fuß*
hand, de	*Hand*
arm, de	*Arm*
been, het	*Bein*
baard, de	*Bart*
bril, de	*Brille*
oorbellen, de	*Ohrringe*
taoeage, de	*Tätowierung*
straks	*gleich*
geweldig	*großartig*
Hoe ziet hij eruit?	*Wie sieht er aus?*
of	*oder*
hier	*hier*
jazeker	*ja, sicher*
hebben (heeft)	*haben (hat)*
prachtig	*prächtig*
blauw	*blau*
blond	*blond*
kerel, de	*Typ*
grapje, het	*Witz*
lieverd	*Liebling, Lieber*
uiterlijk, het	*Aussehen*
belangrijk	*wichtig*
als	*wenn*
lief	*lieb*
zijn (is)	*sein (ist)*
praten	*reden*
mogen (mag)	*dürfen (darf)*
best	*schon*
lelijk	*hässlich*
karakter, het	*Charakter*
precies	*genau*
verliefd zijn	*verliebt sein*
heel	*sehr*
erg	*arg, sehr*
knap	*hübsch*
krullen, de	*Locken*
gespierd	*muskulös*
lichaam, het	*Körper*
over iets hebben	*über etwas sprechen*
eerst	*zuerst*
daten	*ein Date haben*
gaan	*gehen*
in gedachten	*in Gedanken*
lichaamsdeel, het	*Körperteil*
noemen	*nennen*
ontspannen	*entspannen*
grond, de	*Boden*
hals, de	*Hals*
volgen	*folgen*
diep	*tief*
vinger, de	*Finger*
doof	*taub*
doofstom	*taubstumm*
stom	*blöd*
tanden, de	*Zähne*
kort	*kurz*
dragen	*tragen*
groot	*groß*
jong	*jung*
piercing, de	*Piercing*
kaal	*kahl*
meer	*mehr*
werken	*arbeiten*
zeggen	*sagen*
grootte, de	*Größe*
dik	*dick*
sympathiek	*sympathisch*
slank	*schlank*
lang	*lang, groß*
perfect	*perfekt*
waarom	*warum*
worden	*werden*
gelijk hebben	*recht haben*
lijken op	*aussehen wie*
jouw	*dein*
grappig	*witzig*
schat, de	*Schatz*

Boodschappen doen

EINKAUFEN GEHEN

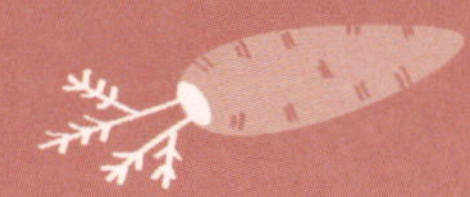

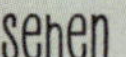

Boodschappen doen – *einkaufen gehen*: Machst du das gerne? Liebst du den **markt** *Bauernmarkt*, wo frische Waren an Ständen angeboten werden, und kleine **winkels** *Läden* mit liebevoll gestalteten Auslagen und den ganz besonderen Gerüchen? Dann los, lass uns einkaufen gehen!

Tr. 27

de bakker
Bäcker/in

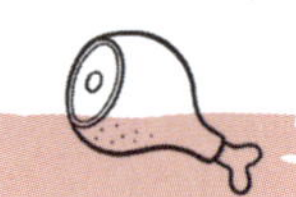

de slager
Metzger/in

de groentewinkel
Gemüsegeschäft

de slijter
Getränkehändler

de markt
Markt

de marktkraam
Marktstand

de supermarkt
Supermarkt

de groente
Gemüse

de komkommer
Salatgurke

de ui
Zwiebel

de tomaat
Tomate

het fruit
Obst

de appel
Apfel

de perzik
Pfirsich

de kers
Kirsche

de sinaasappel
Orange

het brood
Brot

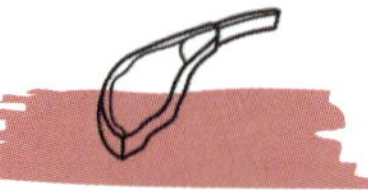

het rundvlees
Rindfleisch

de mosterd
Senf

de snoepjes
Süßigkeiten

Tr. 28

- Gerbert, ik heb trek in stoofvlees. Zullen we samen koken?
- Goed idee! Zal ik de boodschappen doen? Wat hebben we nodig?
- Rundvlees, aardappelen, groente, hm... we koken met bier vandaag.
- Oké, dan haal ik alles in de supermarkt. Hebben we nog fruit?
- Waarom ga je naar de supermarkt? Op de markt is alles vers.
- Vind je? Ik koop liever vlees bij de slager in de Kerkstraat.
- Die is zo duur. Het brood van de bakker op het plein is ook wel erg lekker.
- Zal ik dan maar meteen groente en fruit in de groentewinkel op de hoek halen?
- Vergeet de uien en de kruiden niet. Die hebben we ook nog nodig.
- Staat er nog meer op je boodschappenlijst? Snoepjes?
- Breng je haring mee voor de lunch?
- Hey lieverd, dan ga ik toch maar liever naar de supermarkt!

1 Wenn Gerbert und Britta über das Abendessen beraten, benutzen sie verschiedene Ausdrücke. Ordne zu.

1. Zullen we ...?	**A** Vergiss nicht ...
2. nodig hebben	**B** Ich bevorzuge ...
3. Vind je?	**C** brauchen
4. Vergeet niet...	**D** Meinst du?
5. Ik ga liever....	**E** Wollen wir...?

2 Mach deine **boodschappenlijst** *Einkaufsliste* doch einfach mal auf Niederländisch. Schlag Wörter nach, die du nicht kennst.

BOODSCHAPPENLIJST

☐ ....

☐ ....

☐ ....

LEREN EN BOODSCHAPPEN DOEN

Dein Lebensmittelwortschatz wächst, wenn du regelmäßig beim Einkaufen oder zuhause die niederländische Zutatenliste auf den Packungen studierst. Viele Produkte stammen ohnehin aus Belgien und den Niederlanden.

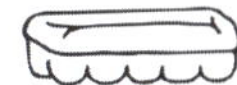

3 Quiz: Wat voor een winkeltype ben jij? *Was für ein Einkaufstyp bist du?*

	altijd	meestal	vaak	nooit
1. Ik koop groente in een groentewinkel.	○	○	○	○
2. Ik ga naar de slager voor vlees.	○	○	○	○
3. Ik ga naar de markt.	○	○	○	○
4. Wijn haal ik bij de slijter.	○	○	○	○
5. Brood koop ik bij de bakker.	○	○	○	○

Zähl nun die Punkte zusammen: 3 Punkte für jedes **altijd**, 2 für jedes **meestal**, 1 für jedes **vaak** und 0 für jedes **nooit**. Dreh dann das Buch und lies nach, welcher Einkaufstyp du bist.

4

hören

Tr. 29

Hör dir an, was und wo Gerbert einkauft. Nummerier zunächst die Bilder in der Reihenfolge, in der die Begriffe genannt werden. Schreib dann die Wörter.

A ______________

B ______________

C ______________

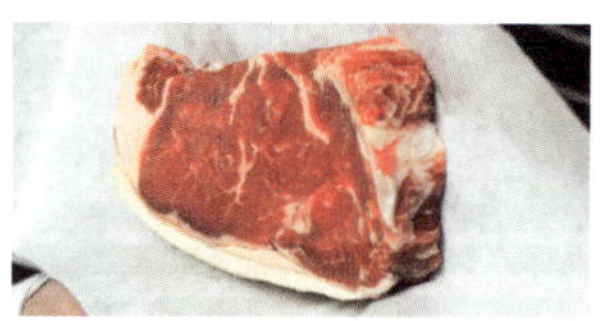

D ______________

E ______________

F ______________

G ______________

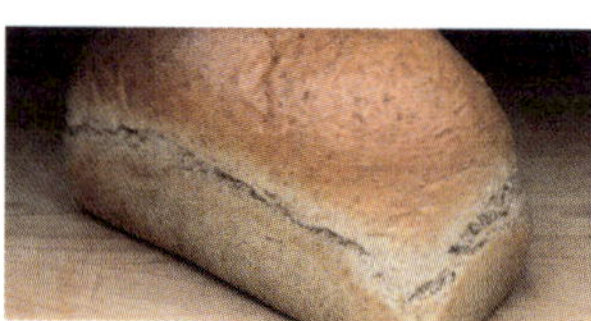

H ______________

I ______________

A 18–25 Je bent een echte winkelheld! Je houdt van lekker eten. Je doet heel graag boodschappen.

B 6–17 Je bent een verstandige shopper! Je denkt praktisch en je koopt alleen wat je echt nodig hebt.

C 0–5 Je bent een supermarktheld! Je koopt alles in de supermarkt. Dat is makkelijk en snel. Je hebt meer tijd voor je hobby's.

Hoe vaak? *Wie oft?* – Häufigkeitsadverbien

Immer **altijd** – *meistens* **meestal** - *oft* **vaak** – *manchmal* **soms** und *nie* **nooit**: Diese und ähnliche Wörter drücken Gewohnheiten und Regelmäßigkeiten aus. Sie stehen meist nach dem Verb.

Ik	koop	**altijd**	groente en fruit in de supermarkt.
Zij	drinken	**meestal**	bier.
We	koken	**vaak**	samen.

Wanneer? – Zeitangaben und die Wortfolge im Satz

op maandag, dinsdag, woensdag, (...), **in** het weekend
elke *jeden* **dag** *Tag*, **week** *Woche*, **maand** *Monat*
elk *jedes* **jaar** *Jahr*

Ik koop **elke dag** brood.
Elke dag koop ik brood.

5 Setz hier die Wörter an die richtigen Stellen der Skala.

* nooit * soms * altijd * meestal * vaak

B ______ D ______

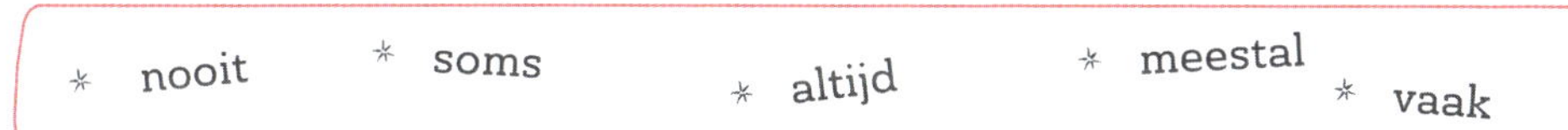

A ______ C ______ E ______

6 **Wanneer en waar doe jij je boodschappen?** *Wann und wo kaufst du ein?*
Schreib ein paar Sätze wie im Beispiel: **Ik koop elke dag brood bij de bakker.**

1. ______

2. ______

REZEPT

Stoofvlees met bier en mosterd

FLÄMISCHER KLASSIKER: EINTOPF MIT BIER

Schmecken

Ein Bierchen zum Essen schmeckt herrlich, aber kochen mit Bier? In Belgien gibt es viele Gerichte mit Bier und je nach Gericht wird eine ganz bestimmte Biersorte ausgewählt. Probiere es mal mit diesem leckeren und einfachen flämischen Eintopfgericht aus. Das Bier verleiht dem Gericht eine besondere Note. **Eet smakelijk!**

Zutaten:

1 kilo rundvlees (grove stukken) *Rindfleisch (grobe Stücke)* - **2 uien** - **30g boter** - **1 sneetje brood** *Brotscheibe* - **2 blaadjes laurier** *Lorbeerblätter* - **2 kruidnagels** *Nelken* - **verse tijm** *frischer Thymian* - **200 ml runderbouillon** *Rinderbrühe* - **1-2 flesjes donker (Belgisch) bier** *Flaschen dunkles (belgisches) Bier* - **mosterd** *Senf* - **peper en zout** - **azijn** *Essig*

1. **Uien snipperen en in de boter fruiten.**
2. **Rundvlees in een braadpan aanbraden en met vers gemalen peper en zout kruiden.**
3. **Vlees bij de uien doen en met bier blussen en het vocht kort aan de kook brengen.**
4. **Laurier met tijm samenbinden en met de kruidnagels bij het vlees doen.**
5. **Mosterd op een snee brood smeren en in de kookpan doen.**
6. **2 tot 3 uur zachtjes laten sudderen en af en toe omroeren. Als de saus dik genoeg is, het deksel op de pan zetten.**
7. **Met een beetje azijn, peper en zout op smaak brengen en met frietjes serveren.**

1. *Zwiebeln schneiden und in Butter dünsten.*
2. *Rindfleisch in einer Bratpfanne anbraten und mit frisch gemahlenem Pfeffer und Salz würzen.*
3. *Fleisch zu den Zwiebeln geben, den Rest mit Bier ablöschen und den Sud kurz aufkochen.*
4. *Lorbeer mit Thymian zusammenbinden und mit den Nelken zum Fleisch geben.*
5. *Senf auf eine Brotscheibe streichen und in den Kochtopf legen.*
6. *Zwei bis drei Stunden sanft schmoren lassen und ab und zu umrühren. Wenn die Soße die richtige Dicke hat, den Deckel auf den Topf setzen.*
7. *Mit ein wenig Essig, Pfeffer und Salz abschmecken und mit Pommes servieren.*

7 riechen Tr. 30

Geuren *Gerüche*: **Wat ruik je liever?** *Was riechst du lieber?* Hör die Frage, stell dir die Gerüche vor und sprich die Antwort „**Ik ruik liever ...**". Schreib anschließend deine Antwort auf die Zeilen.

1. ____________________

2. ____________________

3. ____________________

4. ____________________

Wat mag het zijn? *Was hätten Sie gern?*

Im Geschäft wirst du nach deinen Wünschen gefragt. Erinnerst du dich an das Verb **mogen** *dürfen*? Auf Deutsch fragt man eher *Was hätten Sie gern?* als *Was darf es sein?* Du antwortest mit **wil**: **Ik wil graag** *Ich möchte, hätte gern*. Für *bitte* gibt es neben dem informellen **alsjeblieft** das formelle **altublieft** und für *danke* genauso: **dank je** und **dank u**. Dankeschön heißt: **dankjewel** oder **dankuwel**.

Wat mag het zijn?

Ik wil graag een perzik.  **Een perzik, alstublieft.**

Zij wil graag een appel.  **Een appel, alsjeblieft.**

8 **Bij een marktkraam** *Am Marktstand*: Ordne die Sätze (A–G) aus dem Dialog in der richtigen Reihenfolge (1–7). Wenn du fertig bist, lies den Dialog laut vor.

1. ______ • **A** Ik wil graag appels.
2. ______ • **B** Ik wil liever rode appels.
3. ______ • **C** Alstublieft. Anders nog iets?
4. ______ • **D** Vijf alstublieft.
5. ______ • **E** Eens kijken, we hebben rode en groene appels.
6. ______ • **F** Hoeveel appels wilt u graag?
7. ______ • **G** Goedemorgen, wat mag het zijn?

9 **Op de markt**: Schreibe Sätze mit **Ik wil graag**. Höre dann den Dialog und kontrolliere, was du geschrieben hast.

hören
Tr. 31

1. een komkommer

______

2. een ui

______

3. drie sinaasappels

______

4. twee perziken

______

10 Zwischendurch ein paar Zungenbrecher! Hör zu und sprich nach!

hören
Tr. 32

Ruud Rups raspt rap rode ronde radijsjes.
Raupe Ruud reibt schnell rote runde Radieschen.

Bakker Bas bakt de bolle broodjes bruin.
Bäcker Bas bäckt die runden Brötchen braun.

De slome slak eet slappe sla.
Die träge Schnecke isst schlaffen Salat.

11 fühlen

Labels voor jampotten. ***Etikettenanhänger für Marmeladengläser.*** Lass dich beim Frühstück von der niederländischen Sprache verführen. Du könntest deine Marmeladengläser mit niederländischen Etikettenanhängern beschriften. Dann schmeckt dir das Marmeladenbrötchen umso intensiver und die Obstsorten lernst du gleich dazu.

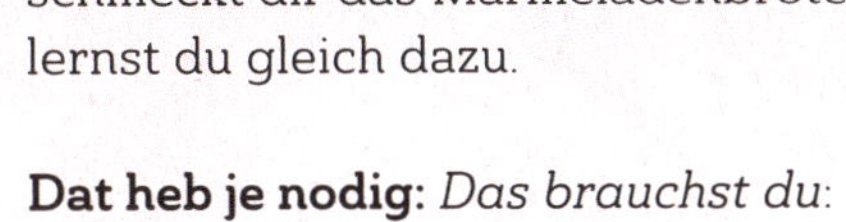

Dat heb je nodig: *Das brauchst du:*

- **stevig wit papier** *kräftiges weißes Papier*
- **een perforator** *ein Locher*
- **touwtjes van natuurlijk materiaal** *Naturkordel*
- **kleurstiften** *Farbstifte*

sappige kers

zoete citroen

heerlijke kruisbes

hemelse aardbei

1. **Neem een stuk stevig wit papier.** – *Nimm ein Stück kräftiges weißes Papier.*
2. **Knip uit het papier labels.** – *Schneide aus dem Papier Etikettenanhänger.*
3. **Maak met een perforator een gaatje in de bovenkant.** – *Mach mit dem Locher ein Loch am oberen Ende.*
4. **Schrijf de naam sierlijk op het witte label.** – *Schreibe den Namen elegant auf den weißen Anhänger.*

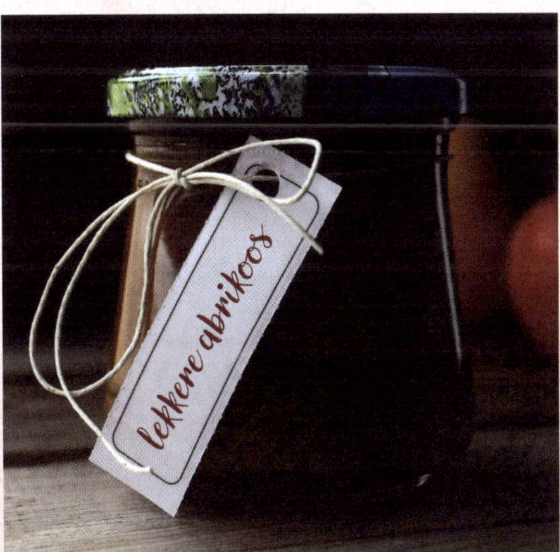

ADJEKTIVE

Wähle zur Abrundung noch ein schönes Adjektiv aus: **hemelse** *himmlische(r)*, **frisse** *frische(r)*, **lekkere** *leckere(r)*, **heerlijke** *herrliche(r)*, **zoete** *süße(r)*, **sappige** *saftige(r)*

Fruitsoorten *Obstsorten*

- aardbei *Erdbeere*
- abrikoos *Aprikose*
- braam *Brombeere*
- citroen *Zitrone*
- framboos *Himbeere*
- kers *Kirsche*
- kruisbes *Stachelbeere*
- kweepeer *Quitte*

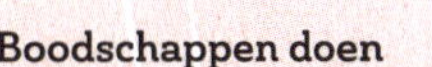

Lösungen

1. 1. E, 2. C, 3. D, 4. A, 5. B
4. 1. E: slager, 2. D rundvlees, 3. H bakker/brood, 4. B groente, 5. F marktkraam, 6. C aardappelen, 7. G perziken, 8. A ui, 9. I champignons
5. A altijd, B meestal, C vaak, D soms, E nooit
7. 1. Ik ruik liever vanille /chocolade. 2. ... rozen / lelies. 3. ... vers brood / koffie. 4. ... appel / perziken.
8. 1. G, 2. A, 3. F, 4. D, 5. E, 6. B, 7. C
9. 1. Ik wil graag een komkommer. 2. Ik wil graag een ui. 3. Ik wil graag drie sinaasappels, 4. Ik wil graag twee perziken.

Transkriptionen

TR. 28

Gerbert, ich habe Lust auf Schmorfleisch. Wollen wir zusammen kochen?
Gute Idee! Soll ich einkaufen? Was brauchen wir?
Rindfleisch, Kartoffeln, Gemüse, hm... wir kochen heute mit Bier.
Okay, dann hole ich alles im Supermarkt. Haben wir noch Obst?
Warum gehst du zum Supermarkt? Auf der Markt ist alles frischer.
Meinst du? Ich kaufe lieber Fleisch beim Metzger in der Kerkstraat.
Der ist so teuer. Das Brot vom Bäcker auf dem Platz ist auch sehr lecker.
Soll ich dan gleich Gemüse und Obst im Gemüsegeschäft an der Ecke holen?
Vergiss die Zwiebel und Gewürze nicht. Die brauchen wir auch noch.
Steht noch mehr auf deiner Einkaufsliste? Süßigkeiten?
Bringst du Hering für das Mittagessen mit?
Hey Schatz, dann gehe ich doch lieber zum Supermarkt.

TR. 29

• Even kijken... Ik moet naar de slager. We hebben rundvlees nodig. En naar de bakker voor brood. Maar eerst de groente. Hier is een marktkraam	*Mal sehen ... Ich muss zum Metzger. Wir brauchen Rindfleisch. Und zum Bäcker, für Brot. Aber zuerst das Gemüse. Hier ist ein Marktstand.*
• Dag, wat mag het zijn?	*Hallo, was hätten Sie gern?*
• Hebt u aardappelen?	*Haben Sie Kartoffel?*
• Ja hoor, daar zijn ze. Wilt u ook perziken? We hebben heerlijke perziken.	*Sicher, da sind sie. Möchten Sie auch Pfirsiche? Wir haben wunderbare Pfirsiche.*
• Nee, dank u wel, maar ik heb nog twee uien nodig.	*Nein danke, aber ich brauche zwei große Zwiebeln.*
• Hier, alstublieft. Anders nog iets? We hebben ook lekkere champignons.	*Hier, bitte. Sonst noch etwas? Wir haben auch leckere Champignons.*
• Nee, dat is alles. Dank u wel.	*Nein, das ist alles. Vielen Dank.*

TR. 31

• Dag, wat mag het zijn?	*Hallo, was hätten Sie gerne?*
• Ik wil graag een komkommer.	*Ich möchte eine Gurke.*
• Alstublieft. Wilt u ook uien?	*Bitteschön. Möchten Sie auch Zwiebeln?*
• Ja, graag één ui.	*Ja, bitte eine Zwiebel.*
• Eén ui, alstublieft. Anders nog iets?	*Bitte, eine Zwiebel. Sonst noch etwas?*
• Ja, ik wil graag drie appels.	*Ja, ich möchte bitte drei Äpfel.*
• Drie appels, anders nog iets?	*Drei Äpfel. Sonst noch etwas?*
• Ja, ik wil graag twee perziken.	*Ja, ich hätte gern zwei Pfirsiche.*
• Twee perziken alstublieft. Anders nog iets?	*Zwei Pfirsiche. Bitte schön. Noch etwas?*
• Nee, dat is alles. Dank u wel.	*Nein, das ist alles. Vielen Dank.*

Lektionswortschatz

boodschappen doen	*einkaufen gehen*
markt, de	*Markt*
winkel, de	*Laden*
bakker, de	*Bäcker/in*
slager, de	*Metzger/in*

groentewinkel, de	*Gemüsegeschäft*
slijter, de	*Getränkehändler/in*
marktkraam, de	*Marktstand*
groente, de	*Gemüse*
komkommer, de	*(Salat)gurke*
fruit, het	*Obst*
appel, de	*Apfel*
perzik, de	*Pfirsich*
kers, de	*Kirsche*
sinaasappel, de	*Orange*
brood, het	*Brot*
rundvlees, de	*Rindfleisch*
mosterd, de	*Senf*
snoepjes, de	*Süßigkeiten*
ik heb trek in	*ich habe Lust auf*
stoofvlees, het	*Schmorfleisch*
samen	*zusammen*
nodig hebben	*brauchen*
vandaag	*heute*
halen	*holen*
vers	*frisch*
liever	*lieber*
vlees, het	*Fleisch*
zo	*so*
duur	*teuer*
plein, het	*Platz*
meteen	*gleich*
hoek, de	*Ecke*
op de hoek	*an der Ecke*
vergeten	*vergessen*
kruiden, de	*Gewürze*
boodschappenlijst, de	*Einkaufsliste*
meebrengen	*mitbringen*
haring, de	*Hering*
lunch, de	*Mittagessen*
meestal	*meistens*
vaak	*oft*
nooit	*nie*
verstandig	*vernünftig*
alleen	*nur*
makkelijk	*einfach*
tijd, de	*Zeit*
voor	*für*
hobby, de	*Hobby*
soms	*manchmal*
weekend, het	*Wochenende*
elk(e)	*jede(n, r, s)*
week, de	*Woche*
maand, de	*Monat*
jaar, het	*Jahr*

eet smakelijk!	*guten Appetit!*
stuk, het	*Stück*
sneetje, het	*Scheibe (Brot)*
blaadje, het	*Blatt*
laurier, de	*Lorbeer*
kruidnagel, de	*Nelke*
tijm, de	*Thymian*
runderbouillon, de	*Rinderbrühe*
flesje, het	*Flasche*
peper, de	*Pfeffer*
azijn, de	*Essig*
snipperen	*fein schneiden*
fruiten	*dünsten*
vers gemalen	*frisch gemahlen*
kruiden	*würzen*
vocht, het	*Sud*
samenbinden	*zusammenbinden*
smeren	*streichen*
af en toe	*ab und zu*
saus, de	*Soße*
op smaak brengen	*abschmecken*
ik ruik liever	*ich rieche lieber*
vanille, de	*Vanille*
roos, de	*Rose*
lelie, de	*Lilie*
wat mag het zijn?	*was hätten Sie gerne?*
ik wil graag	*ich möchte*
alsjeblieft	*bitte (informell)*
alstublieft	*bitte (formell)*
dank u wel	*danke (formell)*
jampot, de	*Marmeladenglas*
label, de	*Etikettanhänger*
sappig	*saftig*
wit	*weiß*
papier, het	*Papier*
perforator, de	*Locher*
kleurstift, de	*Farbstift*
fris	*frisch*
kruisbes, de	*Stachelbeer*
aardbei, de	*Erdbeer*
hemels	*himmlisch*
abrikoos, de	*Aprikose*
braam, de	*Brombeere*
framboos, de	*Himbeere*
kweepeer, de	*Quitte*

Hebbedingetjes

AUF SCHATZSUCHE

sehen

Liebst du es, auf Entdeckungstour zu gehen? **Winkelstraten** *Einkaufsmeilen* laden zum Stöbern ein, und manchmal entdeckt man einen echten Schatz. In Amsterdam kann man endlos **winkelen op de Kalverstraat** oder **op de PC Hooftstraat**, einer der teuersten Einkaufsstraßen der niederländischen Metropole. Zu teuer? Roermond hat das größte Outletcenter Nordeuropas.

hören
Tr. 33

de handtas
Handtasche

de jurk
Kleid

de jas
Jacke

de mantel
Mantel

het overhemd
Hemd

de bloes
Bluse

de broek
Hose

de schoen
Schuh

de rok
Rock

de hoed
Hut

de sjaal
Schal

de paraplu
Schirm

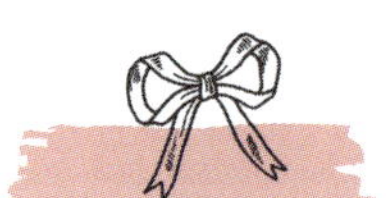

de zijde
Seide

de wol
Wolle

gestreept
Streifen

gestippeld
Punkte

de laars
Stiefel

het koopje
Schnäppchen

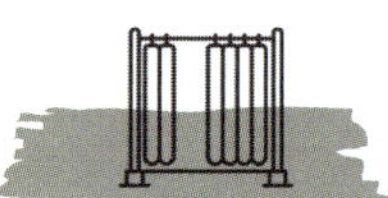

de paskamer
Umkleide

de prijs
Preis

Tr. 34

- Wat vind je van deze groene rok, Fleur?
- ◎ Nee, ik zoek een jurk, Mark, geen rok.
- Wat vind je van deze blauwe?
- ◎ Die is mooi, maar ik zoek een lange jurk, een elegante.
- En deze dan? Die is echt heel mooi!
- ◎ Het is van zijde ... lekker zacht, maar wel duur. Ik zoek toch iets goedkopers.
- Deze jurk misschien? Die kost maar 30 euro, een echt koopje. – Fleur, waar ben je?
- ◎ Hier, in de paskamer, ik pas de jurk. Hoe vind je de jurk, Mark?
- De kleur staat je heel goed. Zit hij ook lekker?
- ◎ Ja, hij zit heel lekker! Super. Nu heb ik nog een sjaal, een hoed en nieuwe schoenen nodig. Waar ben jij naar op zoek?
- Een terrasje, ik heb een kopje koffie nodig.
- ◎ En een stuk vlaai? Ik kom!

1 Ordne die Ausdrücke aus dem Dialog den sinngemäßen Übersetzungen zu.

1. Wat zoek je?	**A** Es sitzt gut.
2. Iets goedkopers.	**B** Etwas günstigeres.
3. Ik pas de jurk.	**C** Die Farbe steht dir.
4. Hij zit lekker.	**D** Ich probiere das Kleid an.
5. De kleur staat je.	**E** Nach was suchst du?

2 sehen

Üb unterwegs: Schau dir Menschen an und übersetz im Kopf, was sie tragen: **zwarte broek, gele jas, bruine schoenen,** ... Viele Wörter aus der Mode kommen aus dem Englischen: **sneakers, T-shirt, top, shorts,** ... du wirst feststellen, dass du mehr über **outfits** sagen kannst, als du denkst.

LEKKER

Lekker weertje, lekker meisje, hij zit lekker, lekker uitslapen...

Auf Niederländisch fällt sehr häufig das Wort **lekker**, und das in vielen unterschiedlichen Situationen.

Lekker hat weit mehr Bedeutungen als *lecker* und kann vielseitig eingesetzt werden.

Kleding *Kleidungsstücke*. Lös das Kreuzworträtsel.

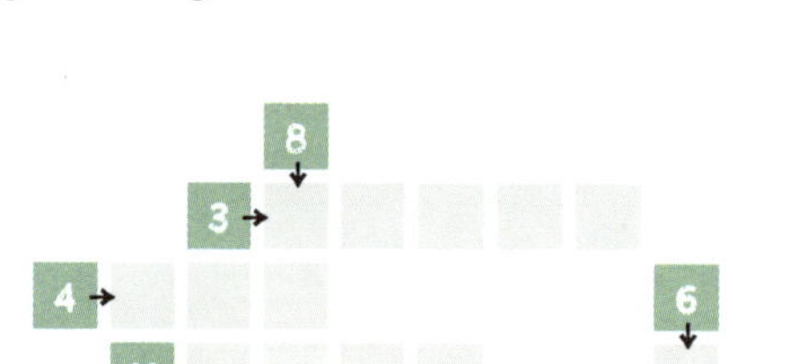

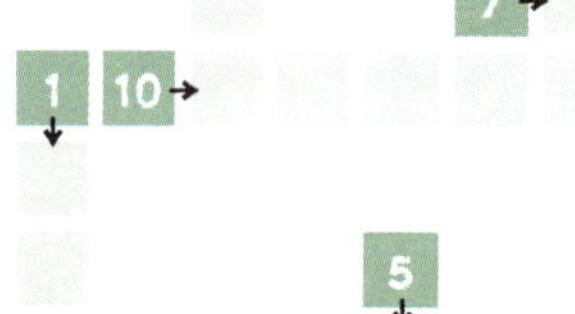

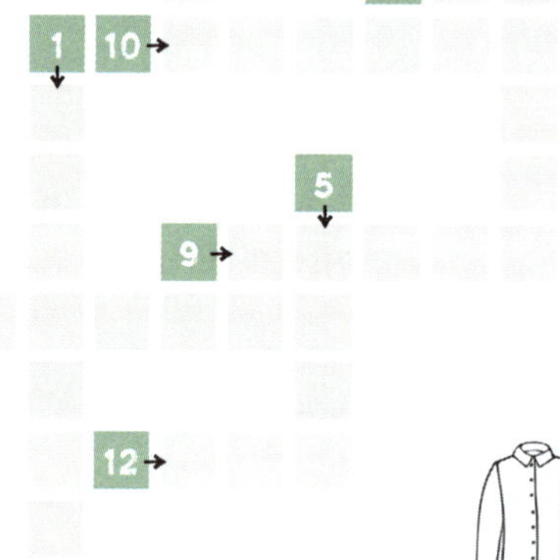

1. Hemd
2. Regenschirm
3. Hose
4. Wolle
5. Kleid
6. Mantel
7. Jacke
8. Bluse
9. Schal
10. Schuh
11. Hut
12. Rock

Wat hebben ze aan? *Was haben sie an?* Lien, Jeroen und Susan haben viel Spaß Sie probieren **gekke outfits** an. Hör gut zu. Welche der drei Freunden ist hier skizziert? Schreib ihren Namen. Dann nimm dir ein paar Buntstifte und mal die **outfits** der beiden Anderen daneben.

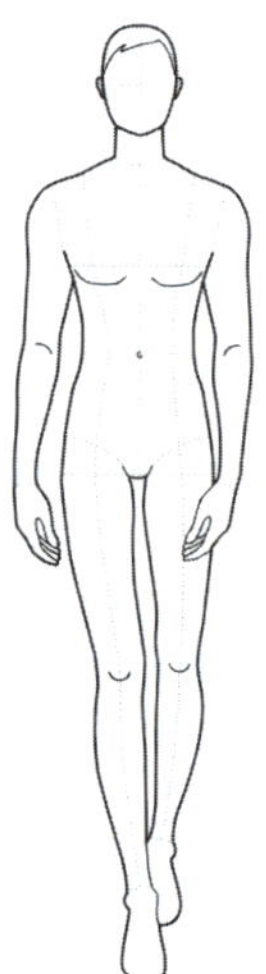

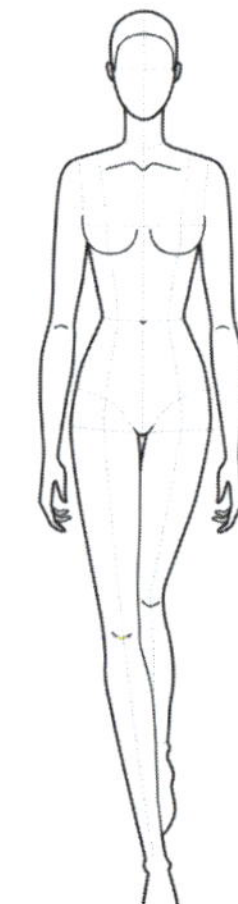

1. ______________

2. ______________

3. ______________

Bezig zijn met – Beschäftigt sein mit

Mit den folgenden Verben kann man ausdrücken, dass man dabei ist etwas zu tun, mit etwas beschäftigt ist:

Form von zijn + **aan het** + **Infinitiv**

ik	ben	**aan het koken**	**wij**	zijn	**aan het koken**
jij	bent	**aan het koken**	**jullie**	zijn	**aan het koken**
hij	is	**aan het koken**	**zij**	zijn	**aan het koken**

5 **Wat ben je aan het doen?** *Was machst du gerade?* Setz das Verb **zijn** in der richtigen Form ein.

1. Ik ________ aan het slapen.
2. De man ________ een leuk boek aan het lezen.
3. Wij ________ pannenkoeken aan het bakken.
4. Lien ________ aan het winkelen in de Kalverstraat.
5. De vrouwen ______ vlaai aan het eten op een terrasje.

6 Setz die richtigen **kleuren** *Farben* ein.

1. De zon is ________.
2. Koffie is ________.
3. Het gras is ________.
4. Melk is ________.
5. De hemel is ________.
6. Chocolade is ________.
7. De kleur van Nederland is ________.
8. Het hart is ________.

DUFT UND FARBE

Ein bekanntes niederländisches Sprichwort lautet: **Iets in geuren en kleuren vertellen**: *etwas sehr ausführlich erzählen.*

REZEPT

Limburgse kersenvlaai

LIMBURGER KIRSCHKUCHEN

Schmecken

Traditioneller **Limburgse kersenvlaai,** ein gedeckter Kirschkuchen, ist zum Kaffee oder Tee besonders lecker. Wenn du nach Limburg, die südlichste Provinz in den Niederlanden kommst, solltest du dir unbedingt ein Stück gönnen. Du kannst **kersenvlaai** aber auch ganz schnell zuhause machen.

Zutaten:

- **15g** gist - **100ml** melk - **250g** bloem - **20g** boter - **1 EL** suiker - **1 pot** kersen op siroop - **1** ei - ronde bakvorm *extra bloem en extra boter voor de vorm

1. Los **de gist** op in lauwarme **melk.**
2. Meng **de bloem** en **de gist** en **kneed** door.
3. Voeg de suiker, de boter en **een snufje** zoet toe en **kneed** voor 15 minuten.
4. Laat 30 minuten **rijzen.**
5. Verwarm de oven op 190 graden.
6. **Rol** het **deeg uit** en snij een **cirkel uit** die groter is dan **de bakvorm.**
7. **Beboter** de vorm en doe het deeg erin, snij wat over is af en **bewaar.**
8. Vul de **vlaaibodem** met de **de kersen op siroop.**
9. Snij de restjes van het deeg in **repen** en leg er diagonaal op. **Bestrijk** met ei.
10. Bak 25 tot 30 minuten.

de gist *Hefe*
de melk *Milch*
de bloem *Mehl*
kneden *kneten*
snufje zout *Prise Salz*
rijzen *gehen*
het deeg *Teig*
uitrollen *ausrollen*
de cirkel *Kreis*
de bakvorm *Backform*
beboteren *buttern*
bewaren *aufbewahren*
de vlaaibodem *Kuchenboden*
de pot *Glas*
kersen op siroop *Kirschen in Sirup*
de siroop *Sirup*
de reep, repen *Streifen*
het ei *Ei*
bestrijken *bestreichen*

Vergleiche

Der Komparativ erlaubt es, Dinge miteinander zu vergleichen.

Deze is langer dan die.

Die meisten Wörter: + er

langer *länger*
leuker *toller*
kleiner *kleiner*

Wort endet auf r: +der

duurder *teurer*

A is beter dan B.

Achtung: Ausnahmen!

goed → beter *gut – besser*
weinig → minder *wenig – weniger*
graag → liever *gern – lieber*
veel → meer *viel – mehr*

Neben dem Vergleichswort **dan** *als* gibt es auch **net/even zo ...als** *genauso ... wie*.

Dit is even/net zo lang als dat.

Schau dir die Bilder an, lies die Bildunterschriften. Was ist **goed** *wahr*, was ist **fout** *falsch*?

sehen

1. De zwarte paraplu is duurder dan de rode paraplu.

2. De groene jurk is langer dan de blauwe jurk.

3. De bruine handtas is groter dan de gele handtas. Hij is ook goedkoper.

4. De gele rok is groter dan de blauwe gestippelde rok.

8 hören Tr. 36

Hör dir die Wünsche der **klanten** *Kundinnen und Kunden* an und notier, wer sich für welchen Gegenstand entscheidet.

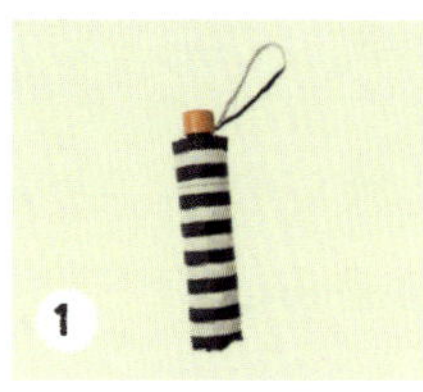
1

2

3

4

5

6

7

8

1. Klant 1 zoekt een ______________. Zij koopt nummer ______ .
2. Klant 2 zoekt een ______________. Hij koopt nummer ______ .
3. Klant 3 zoekt een ______________. Zij koopt nummer ______ .

9 hören Tr. 37

Hoeveel kost het? *Wie viel kostet es?* Fleur ist an einem Flohmarktstand. Hör dem Gespräch gut zu. Beantworte anschließend die Fragen.

	richtig	falsch
1. Fleur past een zwarte hoed.	○	○
2. Ze twijfelt over de kleur.	○	○
3. De hoed is heel elegant.	○	○
4. Maar hij zit niet lekker.	○	○
5. De hoed kost 25 euro.	○	○
6. Fleur koopt de hoed voor 25 euro.	○	○

10

fühlen

Welche **kleding** *Kleidungsstücke* hast du, und welche wären dein Traum? Welche **kleuren** *Farben* und welche **accessoires** *Accessoires* liebst du? Was ist dein **stijl** *Stil*? Mach doch mal eine Collage, ein **sfeerbord** aus schönen Stücken, die dich begeistern. Beschrifte alles, vielleicht wird ein richtiges Kunstwerk daraus, auf jeden Fall aber eine Inspiration für schöne **outfits**.

Dit heb je nodig
du brauchst:

- **papier** *Papier*
- **printer** *Drucker*
- **foto's** *Fotos*
- **schaar** *Schere*
- **lijm** *Klebstoff*
- **viltstiften** *Stifte*

Lösungen

1. 1. E, 2. B, 3. D, 4. A, 5. C
3. 1. overhemd, 2. paraplu, 3. broek, 4. wol, 5. jurk, 6. jas, 7. mantel, 8. bloes, 9. sjaal, 10. schoen, 11. hoed, 12. rok
4. 1. Susan; 2. Jeroen; 3. Anne: siehe Transkription
5. 1. ben, 2. is, 3. zijn, 4. is 5. zijn
6. 1. geel, 2. zwart, 3. groen, 4. wit, 5. blauw, 6. bruin, 7. oranje, 8. rood
7. 1. fout, 2. fout, 3. goed, 4. goed
8. 1. handtas ... 4; 2. paraplu ... 6, 3. hoed ... 5
9. 1. r, 2. f, 3. r, 4. f, 5. r, 6. f

Transkriptionen

TR. 34

• Wat vind je van deze groene rok, Fleur?	*Wie wäre es mit diesem grünen Rock, Fleur?*
• Nee, ik zoek een jurk, Mark, geen rok.	*Nein, ich suche ein Kleid, Mark, keinen Rock.*
• Wat vind je van deze blauwe?	*Wie wäre es mit diesem Blauen?*
• Die is mooi, maar ik zoek een lange jurk, een elegante.	*Das ist nett, aber ich suche ein langes, elegantes Kleid.*
• En deze dan? Die is echt heel mooi!	*Wie wäre es mit dem? Es ist wirklich sehr schön!*
• Het is van zijde ... lekker zacht, maar wel duur. Ik zoek toch iets goedkopers.	*Es ist Seide ... es ist schön weich, aber teuer. Ich suche etwas Billigeres.*
• Deze jurk misschien? Die kost maar 30 euro, een echt koopje. – Fleur, waar ben je?	*Dieses Kleid vielleicht? Es kostet nur 30 Euro, ein echtes Schnäppchen. – Fleur, wo bist du?*
• Hier, in de paskamer, ik pas de jurk. Hoe vind je de jurk, Mark?	*Hier, ich probiere es gerade an. Na, Mark, wie findest du es?*
• De kleur staat je heel goed. Zit hij ook lekker?	*Die Farbe steht dir. Sitzt es auch gut?*
• Super. Nu heb ik een sjaal, een hoed en nieuwe schoenen nodig. Waar ben jij naar op zoek?	*Super. Jetzt brauche ich einen Schal, einen Hut und neue Schuhe. Was suchst du?*
• Een terrasje, ik heb een kopje koffie nodig.	*Ein Café. Ich brauche eine Tasse Kaffee.*
• En een stuk vlaai? Ik kom!	*Und ein Stück Kuchen? Ich komme!*

TR. 35

• Anne, zie je het outfit van Susan! Ze heeft een roze bloes aan.	*Anne, schau dir Susannes Outfit an! Sie trägt eine rosa Bluse.*
• En een lange roze rok met zwarte stippen.	*Und einen langen rosa Rock mit schwarzen Punkten.*
• Ze draagt ook een kleine witte hoed met een lange witte sjaal.	*Sie trägt auch einen kleinen weißen Hut und einen langen weißen Schal.*
• Ik vind het leuk. Ze ziet er mooi uit. Hoe vind je mijn outfit Jeroen?	*Ich liebe es. Sie sieht so hübsch aus. Wie findest du mein Outfit, Jeroen?*
• Ik vind de lange blauwe mantel mooi en de roze haren. Ik draag ook graag groene schoenen.	*Ich mag den langen blauen Mantel und die pinke Perücke. Ich trage auch grüne Schuhe.*
• Ja en een grote zwarte bril. Ik draag ook een bril. Die is zo schattig, zo klein en rood. Waarom draag je een groene broek, een gele jas en een rode sjaal?	*Ja, und eine riesige schwarze Brille. Ich trage auch eine Brille. Die ist süß, so klein und rot. Warum trägst du eine grüne Hose, eine gelbe Jacke und einen roten Schal?*
• Ik vind kleuren leuk. Mijn outfit is gekker dan die van jou!	*Ich mag Farben. Mein Outfit ist verrückter als deins.*
• Oké, het is niet mooi, maar wel gek.	*Okay, es ist nicht hübsch, aber verrückt.*

TR. 36

• Hallo, ik zoek een kleine zwarte handtas.	*Hi, ich suche eine kleine schwarze Handtasche.*
• Natuurlijk. Wat vindt u van deze tas?	*Natürlich. Wie wäre es hiermit?*
• Die is mooi. Hoeveel kost het?	*Sie gefällt mir. Wie viel kostet sie?*

• Hallo, heeft u blauwe paraplu's?	*Hallo, haben Sie blaue Schirme?*
• Natuurlijk. Ik heb een blauwe met witte strepen.	*Natürlich. Ich habe einen blauen mit weißen Streifen.*
• Ik vind strepen niet leuk.	*Ich mag keine Streifen.*
• Wat vindt u van deze?	*Wie wäre dieser hier?*
• Niet blauw, maar waarom niet. Hoeveel kost het?	*Nicht blau, aber warum nicht. Wie viel kostet er?*

• Mag ik deze hoed passen?	*Kann ich diesen Hut aufprobieren?*
• Natuurlijk. De hoed staat u goed.	*Natürlich. Der Hut steht Ihnen.*
• Heeft u iets kleins, misschien in roze?	*Haben Sie was Klei-nes, vielleicht in Rosa?*
• Hier. Het kost maar 5 euro.	*Hier. Er kostet nur 5 Euro.*

TR. 37

• Hallo, mag ik de hoed passen?	*Hi, kann ich den Hut aufprobieren?*
• Natuurlijk.	*Klar, nur zu.*
• Wat vindt u? Past hij me?	*Was meinen Sie? Passt er?*
• Ja, zwart staat u goed. Het is elegant.	*Ja. Schwarz steht Ihnen. Er ist elegant.*
• Hoeveel kost het?	*Wieviel kostet er?*
• 25 euro.	*25 Euro.*
• Oh, dat is duur.	*Oh, das ist teuer.*
• Het is zijde.	*Es ist Seide.*
• Ik vind hem leuk, maar ik heb maar 20 euro.	*Ich mag ihn, aber ich habe nur 20 Euro.*
• Oké dan 20 euro en deze mooie hoed is van u.	*Nun gut, 20 Euro, und dieser schöne Hut ge-hört Ihnen.*

Lektionswortschatz

hebbedingetjes, de	*Kleinigkeiten, Nippes, Mitbringsel*
winkelstraat, de	*Einkaufsmeile*
winkelen	*shoppen*
handtas, de	*Handtasche*
jurk, de	*Kleid*
jas, de	*Jacke*
mantel, de	*Mantel*
bloes, de	*Bluse*
broek, de	*Hose*
schoen, de	*Schuh*
rok, de	*Rock*
hoed, de	*Hut*
sjaal, de	*Schal*
paraplu, de	*Regenschirm*
zijde, de	*Seide*
wol, de	*Wolle*
gestreept	*Streifen*
gestippeld	*Punkte*
laars, de	*Stiefel*
koopje, het	*Schnäppchen*
paskamer, de	*Umkleide*
prijs, de	*Preis*
deze/die	*diese/r/s*
groen	*grün*
zoeken	*suchen*
elegant	*elegant*
van zijde	*aus Seide*
goedkoop	*billig*
misschien	*vielleicht*
kosten	*kosten*
passen	*anprobieren*
kleur, de	*Farbe*
het zit lekker	*es sitzt gut*
super	*super*
op zoek zijn naar	*auf der Suche sein nach*
terrasje, het	*Straßencafé*
kopje koffie, het	*Tasse Kaffee*
vlaai, de	*Kuchen*
zwart	*schwarz*
geel	*gelb*
gek	*verrückt*
doen	*machen*
Wat ben je aan het doen?	*Was machst du gerade?*
pannenkoeken, de	*Pfannkuchen*
hemel, de	*Himmel*
dan	*als*
net/even zo ... als	*genauso wie*
klant, de	*Kunde, Kundin*
natuurlijk	*natürlich*
Hoeveel kost het?	*Wieviel kostet es?*
twijfelen	*zweifeln*
kleding, de	*Kleidung*
accessoires, de	*Accessoires*
zonnebril, de	*Sonnenbrille*

Doe wat je leuk vindt

TU, WAS DU LIEBST

sehen

Freizeit **vrije tijd** ist etwas, von dem man immer zu wenig hat, geht es dir auch so? Schließ die Augen und stell dir vor, was du mit richtig viel Zeit machen würdest. Was hast du dir vorgestellt? Egal was: Tu mehr davon. Ein kluger Spruch sagt: **Doe wat je leuk vindt** – *Tu mehr von dem, was du liebst.*

hören
Tr. 38

zwemmen
schwimmen

hardlopen
laufen, joggen

wandelen
wandern

yoga doen
Yoga machen

schaken
Schach spielen

tennissen
Tennis spielen

voetballen
Fußball spielen

fitnessen
ins Fitnessstudio gehen

de hond uitlaten
Hund ausführen

kletsen
plaudern

vervelen
langweilen

breien
stricken

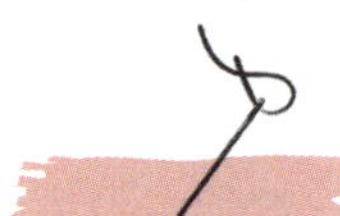

naaien
nähen

schilderen
malen

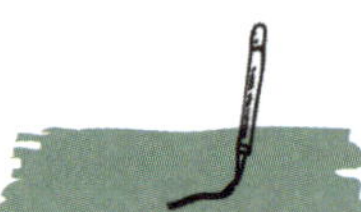

tekenen
zeichnen

lezen
lesen

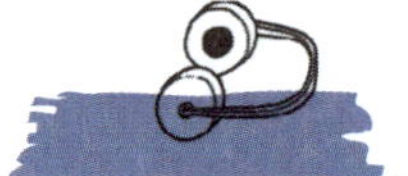

luisteren
hören

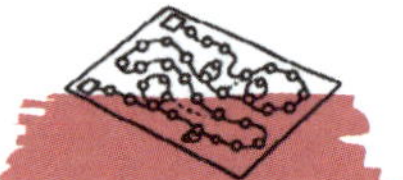

een spel spelen
ein Spiel spielen

televisie kijken
fernsehen

gitaar spelen
Gitarre spielen

Tr. 39

- Hoi Jan, met Marijke. Wat ben je aan het doen?
- ◎ Ik ben aan het wandelen in de duinen. Het uitzicht is prachtig en de zon schijnt. Er zijn veel meeuwen, kan je ze horen?
- Wat een lawaai!
- ◎ Ze groeten jou. Waarom bel je?
- Ik verveel me. Ik wil graag schaken, maar jij bent aan het wandelen.
- ◎ En Juul?
- Zij doet yoga. Fleur speelt tennis en Tom laat de hond uit.
- ◎ Jammer. En Hilde?
- Hilde gaat altijd fitnessen op vrijdag.
- ◎ Eigenlijk wel, maar vandaag gaat ze niet.
- Dan bel ik Hilde op! Doe de groeten aan de meeuwen.
- ◎ Doe ik. Tot volgende week, Marijke!

1 Hier sind noch einmal ein paar Sätze aus dem Dialog. Verbinde sie mit den (sinngemäßen) Übersetzungen.

1. Het uitzicht is prachtig.	•	**A** Tom geht Gassi.
2. Wat een lawaai!	•	**B** Die Aussicht ist toll.
3. Tom laat de hond uit.	•	**C** Mir ist langweilig.
4. Ik verveel me.	•	**D** Bis nächste Woche!
5. Tot volgende week!	•	**E** Was für ein Lärm!

2 Finde die Hobbys in der Wortschlange und schreib sie auf. Hör dann den Track und vergleiche.

hören

Tr. 40

JUBREIENSCHILDERENYOGAIELIUTENNISKPLEZENUTEKENEN

Wat ben je aan het doen? *Was machst du gerade?* Verbinde die Satzanfänge und Endungen sinnvoll.

1. Ik ben naar ... aan het luisteren	**A** een spel
2. Ik ben ... aan het lezen.	**B** een podcast
3. Ik ben ... aan het kijken.	**C** yoga
4. Ik ben ... aan het doen.	**D** een film
5. Ik ben ... aan het spelen.	**E** een boek

Een regenachtige zondagmiddag *Ein verregneter Sonntagnachmittag.* Wer macht gerade was? Hör gut hin. Ordne die Namen den Tätigkeiten zu.

hören
Tr. 41

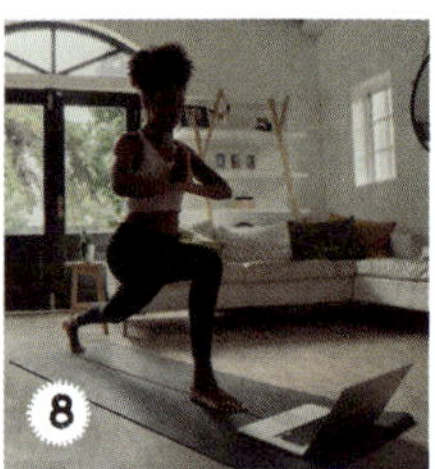

___ **A** Tom
___ **B** Marijke
___ **C** de kinderen
___ **D** Mark en Kim
___ **E** Anne
___ **F** opa
___ **G** de man van Fleur
___ **H** Fleur

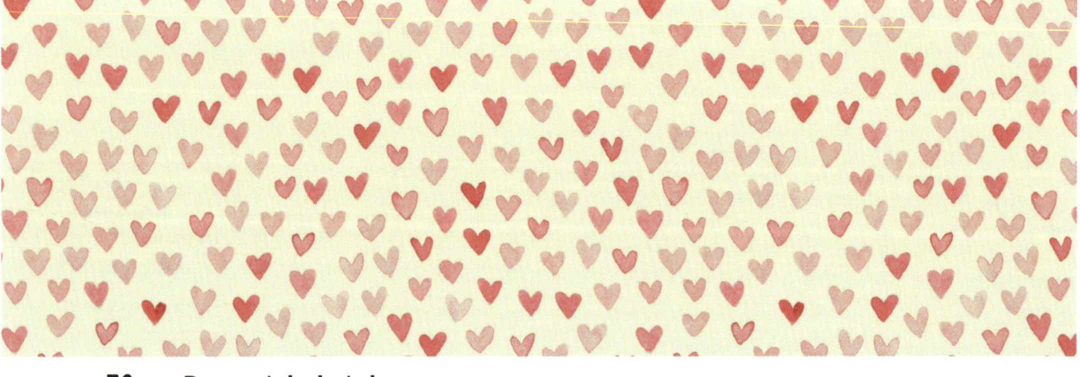

Positionsverben

Wenn die Handlung gerade stattfindet, benutzt man im Niederländischen die Form: **ik ben + aan het + lezen**. Auf Niederländisch verweist man hierbei aber auch oft auf die Körperhaltung oder Bewegungsart. Dabei werden folgende **positiewerkwoorden** *Positionsverben* benutzt:

staan / zitten / liggen / lopen + te + infinitiv

Ik loop te winkelen.
Ich kaufe (gerade) ein.
Jullie zitten koffie te drinken.
Ihr trinkt (gerade) Kaffee.

Ik sta te bellen.
Ich telefoniere (gerade).
Jij ligt te slapen.
Du schläfst (gerade).

Im Deutschen werden die Positionsverben nicht übersetzt.

5 Setz hier die richtigen Formen von **staan / zitten / liggen** oder **lopen** ein und ordne die Bilder richtig zu.

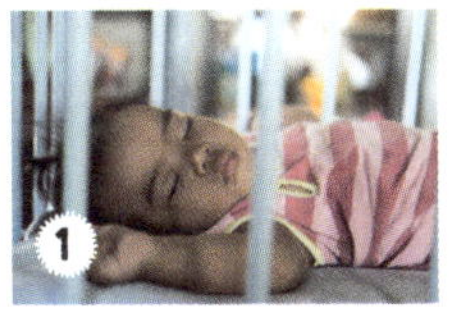
1

2

3

4

5

6

7

8

___ **A** Lien ________ te winkelen.

___ **B** Ellen ________ te eten.

___ **C** Wim ________ televisie te kijken.

___ **D** Wij ________ mosselen te eten.

___ **E** De baby ________ te slapen.

___ **F** De man ________ te bellen.

___ **G** De vrouw ________ te breien.

___ **H** Ik ________ te denken.

6 **Wat vind je leuk?** Fülle die Tabelle mit deinen persönlichen Antworten aus.

Ik vind leuk: ☺	Ik vind niet leuk: 😐

* lezen
* breien
* fitnessen
* TV kijken
* wandelen
* muziek maken

REZEPT

Hollandse garnalensalade

MIT NORDSEEKRABBEN

Schmecken

Ganz egal, ob deine Hobbys eher sportlich sind oder du dich auf dem Sofa beschäftigst: Eine gesunde Ernährung ist wichtig und wohltuend. Dieser Salat bringt durch seine **verse Hollandse garnalen** Schwung auf den Teller: Am besten schmecken sie frisch gepult vom Fischmarkt.

Zutaten:

25g rucola - **75g** veldsla - **300g** Hollandse garnalen - **100g** bieslook - **1** citroen - **4 EL** mayonaise - **3 EL** chilimayonaise - **2 EL** yoghurt - **1/2** zakje dill - **1/2** komkommer

1. Snij **de bieslook** in stukjes.
2. Maak de citroen schoon, **rasp de schil** eraf en **pers het sap uit.**
3. Meng de **Hollandse garnalen** met bieslook in een **kom.**
4. **Schil** de komkommer, **halveer** deze in **de lengte** en haal **de zaadjes** eruit. Snij de komkommer in kleine stukjes.
5. Meng in een andere **kom** de mayonaise met yoghurt en de **helft** van het citroensap.
6. Meng de komkommer, **de garnalen** en de citroenmayonaise door elkaar.
7. **Schep het mengse**l op de salade en **strooi** de **citroenschillen** erover.

de Hollandse garnalen *Nordseekrabben*
de bieslook *Schnittlauch*
de dille *Dill*
raspen *schälen*
de schil *Schale*
uitpersen *auspressen*
het sap *Saft*
mengen *mischen*
de kom *Schüssel*
halveren *halbieren*
in de lengte *der Länge nach*
de zaadjes *Samen*
de helft *Hälfte*
scheppen *schöpfen*
het mengsel *Mischung*
strooien *streuen*

7 Hör den Dialog, sprich nach und lies die Übersetzung.

hören

Tr. 42

Vind je hardlopen leuk?	*Magst du gerne laufen/joggen?*
Ja, ik vind hardlopen leuk.	*Ja. Ich liebe es zu laufen.*
Loop je elke dag hard?	*Läufst du jeden Tag?*
Ja, doe ik. Ik eet ook elke dag een salade.	*Ja. Ich esse auch jeden Tag Salat.*
Vind je salade lekker?	*Magst du Salat?*
Nee, ik vind salade niet lekker.	*Nein, ich mag keinen Salat.*
Waarom eet je het dan elke dag?	*Warum isst du das dann jeden Tag?*

8 Wellness ist die Verbindung von **welzijn** *Wohlbefinden* und **fitness**. Was tust du dir Gutes? Markiere, was du für **mentale gezondheid** beziehungsweise für **lichamelijke gezondheid** tust und ergänze.

fühlen

lees een goed boek
ein gutes Buch lesen

voor mentale gezondheid
für psychische Gesundheit

leer een taal
eine Sprache lernen

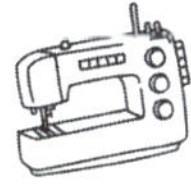

spreek met vrienden
mit Freunden reden

ga zwemmen
Schwimmen gehen

voor lichamelijke gezondheid
für körperliche Gesundheit

maak lange wandelingen
lange Spaziergänge machen

9 Hör dir an, was die Leute sagen. Setze das richtige Verb ein.

hören
Tr. 43

1. Marijke ______________________ graag in de zee.

2. Ruud en Laura ______________________ graag in de bergen.

3. Annemiek ______________________ graag in het bos.

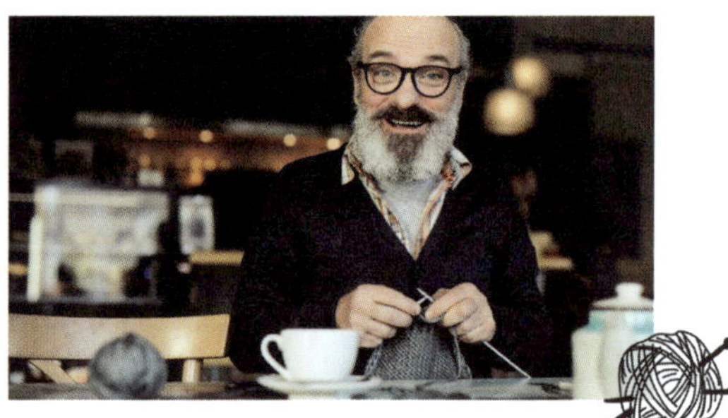

4. Jaak ______________________ graag een leuke sjaal.

10 Verbinde zunächst die möglichen Antworten mit ihren Übersetzungen. Starte dann den Track. Jemand stellt dir Fragen. Beantworte sie – so, wie es für dich ganz persönlich passt – mit einer der Antworten aus der Liste.

hören
Tr. 44

1. Nee, ik vind het niet leuk.
2. Ja, ik vind het leuk om te ...
3. Ja, ik vind het wel leuk, maar ik vind ... leuker.
4. Ja, ik vind ... heel erg leuk.
5. Ik vind ... niet leuk, ik vind ... leuker.

A Ja, ich liebe es zu ...
B Ja, ich mag es, ich bevorzuge aber ...
C Ich mag ... nicht so sehr, ich mag ... lieber.
D Nein, ich mag es nicht gern.
E Ja, ich mag ... wirklich gerne.

11

fühlen

Noch Schwierigkeiten mit dem Wortschatz? **Boem** ist ein unterhaltsames, kurzweiliges Spiel, mit dem du Vokabeln oder Rechtschreibkategorien üben kannst. Du kannst das Spiel gegen die Uhr fünf Minuten oder länger spielen. Für das Spiel benötigst du ein paar **ijsstokjes** Eisstäbchen, **stiften** *Stifte* und einen **beker** Becher.

1. **Koop ongeveer 25 ijsstokjes.** *Kaufe ungefähr 25 Eisstäbchen.*
2. **Op de ijsstokjes schrijf je de woorden die je wilt oefenen.** *Auf die Eisstäbchen schreibst du die Wörter, die du üben willst.* **Op de achterkant in een andere kleur het Duitse woord.** *Auf die Rückseite mit einer anderen Farbe das deutsche Wort.*
3. **Op twee of drie extra stokjes schrijf je BOEM.** *Schreib BOEM auf zwei oder drei zusätzliche Stäbchen.*
4. **Zet de ijsstokjes in een richting met de woorden naar beneden in het bekertje, zodat de woorden en BOEM niet te zien zijn.** *Stell die Eisstäbchen in einer Richtung mit den Wörtern nach unten in den Becher, sodass die Wörter und BOEM nicht sichtbar sind.*
5. **Het spel kan beginnen.** *Das Spiel kann beginnen.*
6. **Pak een ijsstokje. Heb je het antwoord goed, mag je de het ijsstokje houden. Is het fout, dan gaat het stokje terug in de beker.** *Schnapp dir ein Eisstäbchen. Wenn du die richtige Antwort gibst, kannst du das Stäbchen behalten. Ist sie falsch, kommt das Stäbchen zurück in den Becher.*
7. **Trek je een stokje met BOEM gaan alle ijsstokjes die je hebt terug in de beker, en begin je weer opnieuw.** *Wenn du ein Stäbchen mit BOEM ziehst, kommen alle Eisstäbchen, die du hast, zurück in den Becher und du fängst von vorne an.*

Lösungen

1. 1. B, 2. E, 3. A, 4. C, 5. D
2. breien, schilderen, yoga, tennis, lezen, tekenen
3. 1. B, 2. E, 3. D, 4. C, 5. A
4. 1. B, 2. H, 3. C, 4. G, 5. F, 6. A, 7. D, 8. E
5. 3A loopt, 6B zit, 2C zit, 5D zitten, 1E ligt, 7F staat, 4G zit, 8H zit
9. 1. Marijke zwemt graag in de zee. 2. Ruud en Laura wandelen graag in de bergen.
3. Annemiek fietst graag in het bos. 4. Jaak breit graag een leuke sjaal.
10. 1. D, 2. A, 3. C, 4. E, 5. B

Transkriptionen

TR. 39

- Hoi Jan, met Marijke. Wat ben je aan het doen? — *Hi Jan, hier ist Marijke. Was machst du gerade?*
- Ik ben aan het wandelen in de duinen. Het uizticht is prachtig en de zon schijnt. Er zijn veel meeuwen, kan je ze horen? — *Ich wandere in den Dünen. Die Aussicht ist toll und die Sonne scheint. Es gibt viele Möwe. Hörst du sie?*
- Wat een lawaai! — *Was für ein Lärm!*
- Ze groeten jou. Waarom bel je? — *Sie grüßen dich. Warum rufst du an?*
- Ik verveel me. Ik wil graag schaken, maar jij bent wandelen. — *Ich langweile mich. Ich will Schach spielen, aber du wanderst.*
- En Juul? — *Und Juul?*
- Zij doet yoga. Fleur speelt tennis en Tom laat de hond uit. — *Sie macht Yoga. Fleur spielt Tennis und Tom führt seinen Hund aus.*
- Jammer. En Hilde? — *Schade. Und Hilde?*
- Hilde gaat altijd fitnessen op vrijdag. — *Hilde geht freitags immer ins Fitnessstudio.*
- Eigenlijk wel, maar vandaag gaat ze niet. — *Normalerweise schon, aber heute nicht.*
- Dan bel ik Hilde op! Doe de groeten aan de meeuwen. — *Dann rufe ich Hilde an. Grüße die Möwen von mir.*
- Doe ik. Tot volgende week, Marijke! — *Mache ich. Bis nächste Woche, Marijke!*

TR. 41

- Hoi Jan, wat ben je aan het doen? — *Hi Jan, was machst du gerade?*
- We zijn thuis, het regent. Tom speelt gitaar, opa leest de krant en Marijke breit. Wat doe jij, Fleur? — *Wir sind zuhause, es regnet. Tom spielt Gitarre, Opa liest die Zeitung und Marijke strickt. Was machst du, Fleur?*
- Niet veel. Mark en Kim schaken, Anne doet yoga – alweer – en de kinderen spelen iets. Mijn man laat de hond uit. — *Nicht viel. Mark und Kim spielen Schach, Anne macht Yoga – schon wieder – und die Kinder spielen irgendwas. Mein Mann führt den Hund aus.*
- Het regent! — *Es regnet!*
- Oh, de hond vindt dat niet erg. — *Oh, dem Hund macht das nichts aus.*
- En wat doe jij, Fleur? — *Also, was machst du, Fleur?*
- Ik klets gezellig met jou! — *Ich habe ein sehr nettes Schwätzchen – mit dir!*

TR. 43

- Ik ben Marijke en ik zwem graag, vooral in de zee. — *Ich bin Marijke und ich liebe es zu schwimmen, vor allem im Meer.*
- Ik heet Ruud en dit is Laura. Wij wandelen, dat is onze hobby. We wandelen heel graag. — *Ich heiße Ruud und das ist Laura. Wir wandern, das ist unser Hobby. Wir lieben es zu wandern.*
- Mijn naam is Annemiek en ik fiets graag in het bos. — *Mein Name ist Annemiek und ich fahre gerne Rad im Wald.*
- Hallo, ik ben Jaak en ik breid. Kijk eens wat een mooie wol. Ik vind breien heel leuk. En jij? — *Hallo, ich bin Jaak und ich stricke. Schau dir diese coole Wolle an. Ich liebe Stricken, und du?*

TR. 44

• Vind jij zwemmen in de zee leuk?	*Schwimmst du gerne im Meer?*
• En hardlopen? Vind je hardlopen leuk?	*Und laufen? Läufst du gerne?*
• Wat vind je van televisie kijken? Vind je dat leuk?	*Wie ist es mit Fernsehen? Siehst du gerne fern?*
• Ik vind kletsen heel leuk. Vind jij kletsen ook leuk?	*Ich liebe es zu plaudern. Plauderst du gern?*
• En luister je graag naar muziek? Vind je popmuziek leuk?	*Und hörst du gerne Musik? Magst du Popmusik?*

Lektionswortschatz

vrije tijd, de	*Freizeit*
zwemmen	*schwimmen*
hardlopen	*laufen, joggen*
wandelen	*wandern*
yoga doen	*Yoga machen*
schaken	*Schach spielen*
tennissen	*Tennis spielen*
voetballen	*Fußball spielen*
fitnessen	*ins Fitnessstudio gehen, im Studio trainieren*
de hond uitlaten	*Hund ausführen*
kletsen	*plaudern*
breien	*stricken*
naaien	*nähen*
schilderen	*malen*
tekenen	*zeichnen*
lezen	*lesen*
een spel spelen	*ein Spiel spielen*
televisie kijken	*fernsehen*
gitaar spelen	*Gitarre spielen*
duinen, de	*Dünen*
uitzicht, het	*Aussicht*
schijnen	*scheinen*
lawaai, het	*Lärm*
groeten	*grüßen*
opbellen	*anrufen*
zich vervelen	*sich langweilen*
jammer	*schade*
eigenlijk	*eigentlich*
volgende	*nächste*
Tot volgende week!	*Bis nächste Woche!*
genieten van	*genießen*
film, de	*Film*
regenachtig	*verregnet*
zondagmiddag, de	*Sonntagnachmittag*
thuis	*zu Hause*
het regent	*es regnet*
krant, de	*Zeitung*
alweer	*schon wieder*
gezellig	*gemütlich, gesellig*
garnalensalade, de	*Krabbensalat*
veldsla, de	*Feldsalat*
garnalen, de	*Nordseekrabben*
mayonaise, de	*Mayonaise*
yoghurt, de	*Joghurt*
chili, de	*Chili*
gedroogd	*getrocknet*
schil, de	*Schale*
uitpersen	*auspressen*
sap, het	*Saft*
kom, de	*Schale*
schillen	*schälen*
halveren	*halbieren*
lengte, de	*Länge*
zaadjes, de	*Samen*
helft, de	*Hälfte*
door elkaar	*durcheinander*
mengsel, het	*Mischung*
scheppen	*schöpfen*
strooien	*streuen*
welzijn, het	*Wohlbefinden*
mentaal	*psychisch*
gezondheid, de	*Gesundheit*
lichamelijk	*körperlich*
taal, de	*Sprache*
bos, het	*Wald*

FERIENLAND NIEDERLANDE

sehen

Große Hotels sind bequem, sehen aber überall gleich aus. Wenn du in den Niederlanden bist, probiere doch einmal ein **vakantiehuisje** *Ferienhäuschen* als Übernachtungsmöglichkeit aus. Wenn du Glück hast, findest du eines, das gleichzeitig **van alle gemakken voorzien** *voll ausgestattet*, **gezellig** *gemütlich* und **comfortabel** *bequem* ist.

hören

Tr. 45

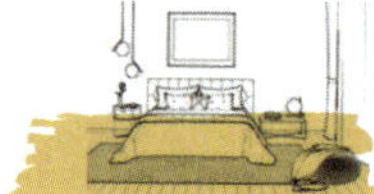

de kamer
Raum, Zimmer

de badkamer
Bad

de afstap
Stufe

het bed
Bett

de douche
Dusche

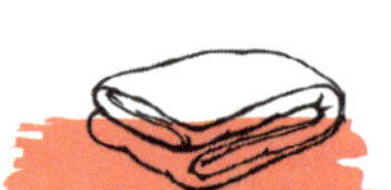

de deken
Bettdecke

het nachtkastje
Nachttisch

de lamp
Lampe

de kast
Schrank

de lade
Schublade

het lichtknopje
Schalter

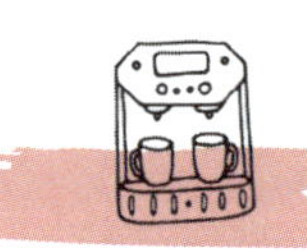

het koffiezetapparaat
Kaffeemaschine

de wekker
Wecker

de theepot
Teekanne

de jam
Marmelade

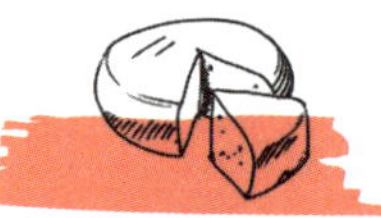

de kaas
Käse

de hagelslag
Schokostreusel

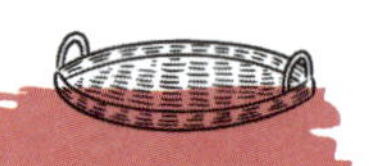

het dienblad
Tablett

de waterkoker
Wasserkocher

de pindakaas
Erdnussbutter

Tr. 46

- Dit is jullie vakantiehuisje, kom binnen! Helaas niet zo groot, maar wel van alle gemakken voorzien en comfortabel!
- Het ziet er heel gezellig uit.
- Roken is helaas niet toegestaan.
- Geen probleem, wij roken niet.
- Hier is de badkamer, let op de afstap!
- Klopt, we moeten goed uitkijken. Is er ook een bakker in de buurt?
- Ja hoor, hier bij de receptie in het vakantiepark, maar we hebben ook een ontbijtservice. Willen jullie een ontbijt boeken?
- Ja graag, maar we willen maar een klein ontbijt.
- Misschien alleen koffie en thee met brood, kaas en hagelslag?
- Dat klinkt super! Moeten we nu al betalen?
- Nee hoor, dat hoeft niet. Aan het einde van de week is prima.

1 Müssen und nicht dürfen: In einer Unterkunft gibt es immer Regeln. Ordne zu.

1. Let op de afstap!	**A** Das müssen Sie nicht.
2. We moeten uitkijken.	**B** Achten Sie auf die Stufe!
3. Moeten we nu al betalen?	**C** Sie dürfen nicht rauchen.
4. Nee hoor, dat hoeft niet.	**D** Müssen wir gleich bezahlen?
5. Roken is niet toegestaan.	**E** Wir müssen aufmerksam sein.

2 **Een typisch Nederlands ontbijt.**

Niederländer essen gerne Brot mit Aufschnitt oder auch etwas Süßem wie **hagelslag, pindakaas** oder **jam** zum Früstück. Ein belegtes Brot nennt man **boterham**. Manchmal wird das Brot ersetzt durch **beschuit** *Zwieback*, **ontbijtkoek** *Honigkuchen*, **een krentenbol** *ein Rosinenbrötchen* oder einen Teller **havermout** *Haferbrei*. Was gehört für dich zu einem guten Frühstück? Mach eine Liste, schlage dafür (wo nötig) im Wörterbuch nach.

HELAAS

Obwohl **helaas** wörtlich *leider* oder *ich befürchte* heißt, hat die Verwendung meist gar nichts mit einer wirklichen Befürchtung zu tun. Die Formulierung mildert aber beispielsweise ein Verbot ab oder drückt Bedauern aus, etwa in der Art von „Es tut mir leid, aber …".

3 **Waar is de kat?** *Wo ist die Katze?* Ordne zu.

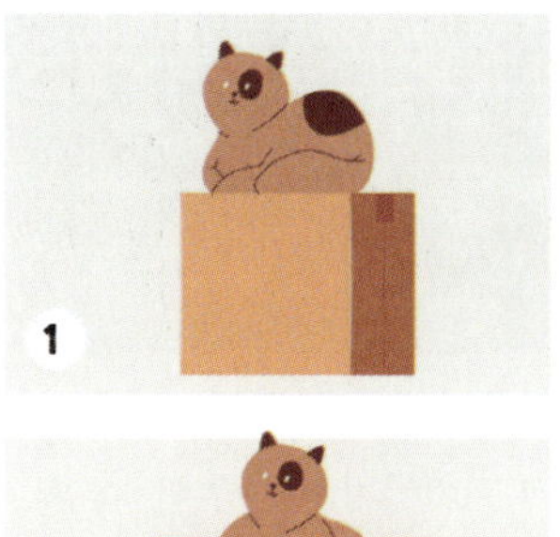

1 2 3 4 5 6

___ **A** onder de doos
___ **B** op de doos
___ **C** in de doos
___ **D** voor de doos
___ **E** achter de doos
___ **F** naast de doos

4 Hör gut zu. Was befindet sich an den gekennzeichneten Stellen?

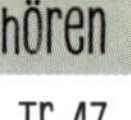

Tr. 47

1

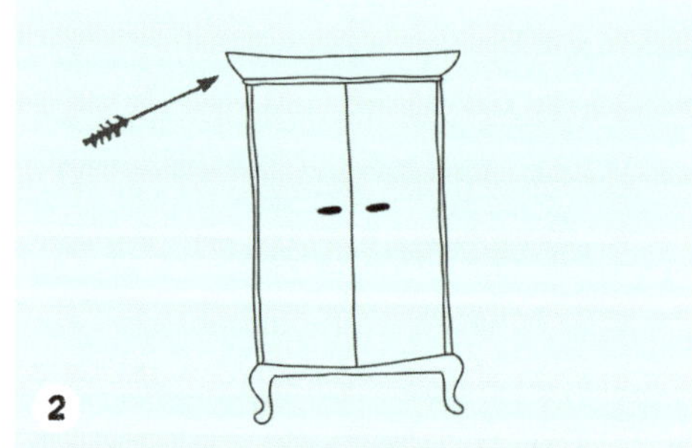
2

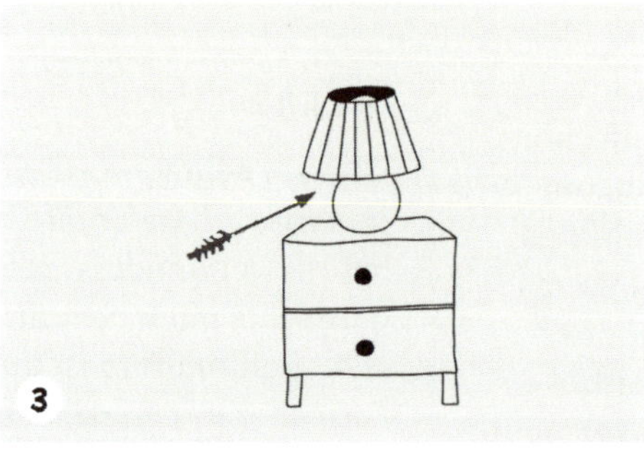
3

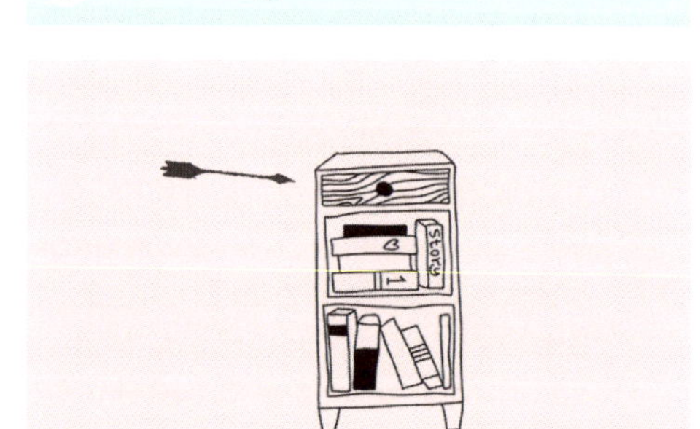

4

___ **A** het lichtknopje
___ **B** een extra deken
___ **C** een wekker
___ **D** een waterkoker

Moeten (müssen)

Wenn man ausdrücken möchte, was erlaubt oder verboten ist, benutzt man ein modales Hilfsverb wie **moeten** *müssen* oder **mogen** *dürfen* zusammen mit dem Vollverb in der Grundform, beispielsweise: **Ik moet gaan.** *Ich muss gehen.* oder **Ik mag spelen.** *Ich darf spielen.*

Je moet uitkijken!
Du musst aufpassen!

Je mag meedoen!
Du darfst mitmachen!

Je moet meekomen!
Du musst mitkommen!

Hoeven (brauchen, müssen, nötig sein)

Hoeven bedeutet, dass Sie etwas nicht tun müssen, während „müssen" das Gegenteil bedeutet. Hoeven kommt nur in der Negation vor, immer mit **niet** oder einer anderen Verneinung. **hoeven (niet) + te + vollverb**

Dat hoef je niet te doen.
Das brauchst du nicht zu machen.

Je hoeft niet naar de winkel te gaan.
Du brauchst nicht einkaufen zu gehen.

Zwischen **niet moeten** und **niet hoeven** gibt es einen feinen Bedeutungsunterschied:

niet moeten	niet hoeven
Je moet hem niet steeds helpen! *Es ist besser, wenn du ihm nicht ständig hilfst!*	**Je hoeft hem niet te helpen!** *Du musst ihm nicht helfen, er kann es auch alleine.*

5 Schreibe die richtige Form von **moeten**, **hoeven** oder **mogen** in den folgenden Sätzen.

1. We ____________ goed uitkijken.
2. Jullie ____________ hier niet roken.
3. Je ____________ geen cadeautje te kopen.
4. Je ____________ bij mij komen eten.
5. We ____________ geen huiswerk te maken.
6. We ____________ hier niet parkeren.
7. Fleur ____________ nu betalen.
8. Je ____________ twee koekjes nemen.

Havermout met toppings

HAFERFLOCKEN MIT EXTRA GENUSS

SCHMECKEN

Hafer ist gesund und wird immer mehr als Wellness-Frühstück wiederentdeckt. In den Niederlanden kriegen Kinder oft **havermoutpap** *Haferbrei* zum Frühstück. Inzwischen ist die traditionelle Morgenmahlzeit auch bei Erwachsenen wieder beliebt und mit den leckeren Toppings **loopt je het water in de mond** *läuft dir das Wasser im Mund zusammen!*

Zutaten:

5 EL havermout – **150ml** melk, havermelk of water – **1 snufje** zout

Toppings (zum Beispiel):

1 handvol noten – **10** blauwe bessen (vers of uit de diepvries) – **6** aardbeien – **1** halve banaan – **2 TL** honing

1. Zet een pan met de **havermout** en de melk, **havermelk** of het water op en laat langzaam warm worden.
2. Doe er een snufje zout bij en roer **regelmatig** met een **houten lepel**.
3. Laat voor 5-6 minuten zachtjes koken, **blijven roeren** zodat het niet **aanbakt.**
4. Als de havermout een dikke **pap** begint te worden, **zet apart** en laat een minuut afkoelen.
5. Doe de havermout in een kom en voeg het **gesneden fruit** en de **noten** toe.
6. Doe de **honing** erover.

de havermout *Haferflocken*
de havermelk *Hafermilch*
de blauwe bes (bessen) *Blaubeere*
de noot (noten) *Nuss*
de honing *Honig*
de aardbei *Erdbeere*
de banaan *Banane*
regelmatig *regelmäßig*
de houten lepel *hölzerner Kochlöffel*
blijven roeren *ständig rühren*
aanbakken *anbrennen*
de pap *Brei*
apart zetten *zur Seite stellen*
gesneden fruit *geschnittenes Obst*

6 Gerade auf Reisen gilt es, Schilder mit Verboten und Anweisungen zu beachten. Ordne zu.

sehen

1 
2 
3 
4 
5 
6 
7 

8 

___ **A** Je hoeft geen kaartjes te kopen.

___ **B** Je mag niet roken.

___ **C** Je mag geen alcohol drinken.

___ **D** Je moet stil zijn.

___ **F** Je mag hier geen bikini dragen.

___ **G** Je moet je paspoort laten zien.

___ **H** Hier mag je niet eten.

___ **I** Je moet hier wachten.

7 Finde die Wörter in der Wörterschlange und setz sie in die Lücken ein.

sehen

RACKAMERVEBBEDODEKENEONTBIJTKAKAASXVTHEENJK

Ik ben zo moe. Ik heb een ________ **1.** nodig met een comfortabel ________ **2.** en een warme ________ **3.** En in de ochtend een goed ________ **4.** Een boterham met ________ **5.** en een grote kop ________ **6.**

8 Zusammengesetzte Wörter gibt es auch im Niederländischen. Verbinde und übersetze.

1. thee	•	**A** koker
2. aardbeien	•	**B** pot
3. water	•	**C** jam
4. nacht	•	**D** knopje
5. licht	•	**E** kastje

9 Nach einem Zimmer fragen: Hör und lies den Dialog.

hören
Tr. 48

• **Hallo, kan ik u helpen?**	*Hallo, kann ich Ihnen helfen?*
◎ **Ja, heeft u nog een kamer vrij?**	*Ja, haben Sie ein Zimmer frei?*
• **Voor vanavond?**	*Für heute Abend?*
◎ **Ja, voor vanavond.**	*Ja, für heute Abend.*
• **Een een- of tweepersoonskamer?**	*Ein Einzel- oder Doppelzimmer?*
◎ **Een tweepersoonskamer alstublieft.**	*Ein Doppelzimmer bitte.*
• **Ik heb een tweepersoonskamer met een douche.**	*Ich habe ein Doppelzimmer mit Dusche.*
◎ **Oh prima, hoeveel kost die?**	*Oh, gut. Wie viel kostet es?*
• **Die is €70 inclusief ontbijt.**	*Das sind 70 Euro inklusive Frühstück.*

10 Was sind mögliche und sinnvolle Antworten auf die Fragen? Kreuz an.

1. Wilt u een kamer met uitzicht?
- ◯ **A** Nee, een tweepersoonskamer.
- ◯ **B** Ja graag, de zee is mooi.
- ◯ **C** Nee, dat hoeft niet.

2. Wilt u graag ontbijt erbij boeken?
- ◯ **A** Ja, met suiker alstublieft.
- ◯ **B** Ja, graag.
- ◯ **C** Nee, ik ga naar de bakker.

3. Is er WiFi?
- ◯ **A** Ja, hier is het wachtwoord.
- ◯ **B** Er staat een radio op de kast.
- ◯ **C** Nee, helaas niet.

4. Hoeveel kost de kamer?
- ◯ **A** €65 per nacht.
- ◯ **B** Het is een tweepersoonskamer.
- ◯ **C** Die kost €60, inclusief ontbijt.

11 Was würde dir zum Frühstück schmecken? Ordne zu und übersetze.

schmecken

___ **A** sinaasappeljam

___ **B** spek en eieren

___ **C** hagelslag

___ **D** sinaasappelsap

___ **E** boterham

___ **F** pindakaas

___ **G** muesli

___ **H** kopje koffie

12

fühlen

Ein **dienblad** *Tablett* ist schön und praktisch, gerade wenn du mal etwas üppiger frühstücken möchtest und Gäste hast.
Noch schöner ist es, wenn das Tablett mit deinen **favoriete ontbijtspreuken,** deinen *Lieblingsfrühstückssprüchen* beschriftet ist.

Wat heb je nodig:

- **een houten dienblad**
  1 Holztablett
- **acrylverf**
  Acrylfarben
- **kwasten**
  Pinsel
- **acrylstift**
  Acryllackstifte
- **lak**
  Lack (hitzebeständig)

* Ieder kaasje heeft zijn eigen gaatje.
  (*Jeder Käse hat sein eigenes Loch.*)
* Start lekker in de dag!
  (Starte gut in den Tag!)
* Goedemorgen! *(Guten Morgen!)*
* Eerst een kopje koffie/thee!
  (Erstmal eine Tasse Kaffee/Tee!)
* Begin de dag met een lach.
  (Fang den Tag mit einem Lächeln an.)

1. **Verf het dienblad en laat het drogen.**
   Streich das Tablett an, lass es trocknen.
2. **Schrijf je favoriete ontbijtspreuk erop en laat het drogen.**
   Schreib deinen liebsten Frühstücksspruch darauf. Lass es trocknen.
3. **Lak het.** *Lackier es.*
4. **Nodig een paar vrienden uit en ontbijt met stijl.**
   Lad ein paar Freunde ein und frühstückt mit Stil.

Lösungen

1. 1. B, 2. E, 3. D, 4. A, 5. C
3. 1. B, 2. F, 3. E, 4. C, 5. A, 6. D
4. 1. B, 2. C, 3. D, 4. A
6. 1. B, 2. D, 3. C, 4. F, 5. G, 6. H, 7. I, 8. A
7. 1. kamer, 2. bed, 3. deken, 4. ontbijt, 5. kaas, 6. thee
8. 1. B theepot, 2. C aardbeienjam, 3. A waterkoker, 4 E nachtkastje, 5. D lichtknopje
10. 1. B + C, 2. B + C, 3. A + C, 4. A + C
11. 1. B, 2. C, 3. H, 4. F, 5. A, 6. E, 7. G, 8. D

Transkriptionen

TR. 46

• Dit is jullie vakantiehuisje, kom binnen! Helaas niet zo groot, maar wel van alle gemakken voorzien en comfortabel!	*Das ist eure Ferienwohnung, komm herein! Es ist leider nicht so groß, aber voll ausgestattet.*
• Het ziet er heel gezellig uit.	*Es sieht sehr gemütlich aus.*
• Roken is helaas niet toegestaan.	*Rauchen ist leider verboten.*
• Geen probleem, wij roken niet.	*Kein Problem, wir rauchen nicht.*
• Hier is de badkamer, let op de afstap!	*Und hier ist Ihr Bad. Sie müssen aufpassen, da ist eine kleine Stufe.*
• Klopt, we moeten goed uitkijken. Is er ook een bakker in de buurt?	*Stimmt, wir sollten gut aufpassen. Gibt es einen Bäcker in der Nähe?*
• Ja hoor, hier bij de receptie in het vakantiepark, maar we hebben ook een ontbijtservice. Willen jullie een ontbijt boeken?	*Ja, hier an der Rezeption im Ferienpark, aber wir haben auch einen Frühstücksservice. Möchtet ihr ein Frühstück buchen?*
• Ja graag, maar we willen maar een klein ontbijt.	*Ja bitte, aber wir möchten nur ein kleines Frühstück.*
• Misschien alleen koffie en thee met brood, kaas en hagelslag?	*Vielleicht nur Kaffee oder Tee und Brot, Käse und Schokoladenstreusel?*
• Dat klinkt super! Moeten we nu al betalen?	*Das klingt perfekt. Müssen wir gleich bezahlen?*
• Nee hoor, dat hoeft niet. Aan het einde van de week is prima.	*Nein, das müssen Sie nicht. Ende der Woche ist prima.*

TR. 47

• Er is een waterkoker in het vakantiehuisje.	*Es gibt ein Wasserkocher in der Ferienwohnung.*
• Waar?	*Wo?*
• Naast de radio. Er zijn ook kopjes en theezakjes op het dienblad.	*Neben dem Radio. Da sind auch Tassen und Teebeutel auf einem Tablett.*
• Dank u wel.	*Danke.*
• Het is zo koud.	*Es ist so kalt.*
• Wilt u een extra deken? Er ligt een deken op de kast.	*Möchten Sie eine zusätzliche Bettdecke? Es liegt eine auf dem Schrank.*
• Sorry, maar deze lamp functioneert niet.	*Entschuldigung, diese Lampe funktioniert nicht.*
• Oh, het lichtknopje is onder de lampenkap.	*Oh, der Schalter ist unter dem Lampenschirm.*
• Ah, ik zie het, bedankt.	*Ah, ich sehe es, danke.*
• Ik moet morgen vroeg opstaan. Is er een wekker?	*Ich muss morgen früh aufstehen. Gibt es einen Wecker?*
• Ja die is in het nachtkastje in de la.	*Ja, er ist im Nachttisch, in der Schublade.*
• Dank u wel.	*Danke.*

Lektionswortschatz

vakantiehuisje, het	*Ferienhaus*
van alle gemakken voorzien	*voll ausgestattet*
comfortabel	*bequem*
kamer, de	*Zimmer*

badkamer, de	*Badezimmer*
afstap, de	*Stufe*
bed, het	*Bett*
douche, de	*Dusche*
deken, de	*Bettdecke*
nachtkastje, het	*Nachttisch*
lamp, de	*Lampe*
kast, de	*Schrank*
lade, de	*Schublade*
lichtknopje, het	*Schalter*
koffiezetapparaat, het	*Kaffeemaschine*
wekker, de	*Wecker*
theepot, de	*Teekanne*
jam, de	*Marmelade*
kaas, de	*Käse*
hagelslag, de	*Schokostreusel*
dienblad, het	*Tablett*
waterkoker, de	*Wasserkocher*
pindakaas, de	*Erdnussbutter*
Kom binnen!	*Komm herein!*
helaas	*leider*
roken	*rauchen*
toegestaan	*erlaubt*
probleem, het	*Problem*
let op	*pass auf*
uitkijken	*aufmerksam sein*
in de buurt	*in der Nähe*
receptie, de	*Empfang*
vakantiepark, het	*Ferienpark*
ontbijt, het	*Frühstück*
boeken	*buchen*
betalen	*bezahlen*
aan het einde	*am Ende*
boterham, de	*belegtes Brot*
ontbijtkoek, de	*Honigkuchen*
krentenbol, de	*Rosinenbrötchen*
beschuit, de	*Zwieback*
havermout, de	*Haferbrei*
kat, de	*Katze*
doos, de	*Karton*
onder	*unter*
achter	*hinter*
naast	*neben*
radio, de	*Radio*
kopje, het	*Tasse*
theezakje, het	*Teebeutel*
koud	*kalt*
functioneren	*funktionieren*
lampenkap, de	*Lampenschirm*
vroeg	*früh*
moeten	*müssen*
meedoen	*mitmachen*
meekomen	*mitkommen*
hoeven	*brauchen, nicht müssen*
helpen	*helfen*
huiswerk, het	*Hausaufgaben*
parkeren	*parken*
koekje, het	*Plätzchen, Keks*
handvol	*Handvoll*
noten, de	*Nüsse*
blauwe bes, de	*Blaubeere*
diepvries, de	*Tiefkühltruhe*
banaan, de	*Banane*
honing, de	*Honig*
regelmatig	*regelmäßig*
houten lepel, de	*hölzerner Kochlöffel*
havermelk, de	*Hafermilch*
pap, de	*Brei*
apart zetten	*zur Seite stellen*
gesneden	*geschnitten*
kaartje, het	*Karte*
alcohol, de	*Alkohol*
stil	*still, ruhig*
bikini, de	*Bikini*
paspoort, het	*Reisepass*
wachten	*warten*
vrij	*frei*
vanavond	*heute Abend*
eenpersoonskamer, de	*Einzelzimmer*
tweepersoonskamer, de	*Doppelzimmer*
inclusief	*inklusive*
wachtwoord, het	*Passwort*
wifi, het	*W-LAN*
spek, het	*Speck*
sinaasappelsap, het	*Orangensaft*
spreuk, de	*Spruch*
houten	*hölzern*
acrylverf, de	*Acrylfarbe*
kwast, de	*Pinsel*
lak, de	*Lack*
verven	*streichen*
drogen	*trocknen*
schrijven	*schreiben*
favoriet	*Lieblings-*
uitnodigen	*einladen*
stijl, de	*Stil*

Laatste rondje!

DIE LETZTE RUNDE!

sehen

Der **kroeg** oder das **bruine café** ist eine Institution, und du warst nicht wirklich in den Niederlanden oder Belgien, bis du mindestens eines besucht hast. Sie bieten den Menschen von heute eine charmante, nostalgische Kulisse. „Hier ist die Zeit stehen geblieben" trifft absolut zu – zumindest im Hinblick auf Mobiliar und Atmosphäre. Dunkles Holz, knarzende Dielen, Tische und Stühle nicht vom selben Designer entworfen, aber gerade das macht diesen Ort so einzigartig.

hören
Tr. 49

de kroeg
Pub, Kneipe, Bar

het biertje
250 ml Bier

het vaasje (in NL)
340 ml

het bier
Bier

de jenever
Jenever

van de tap
vom Fass

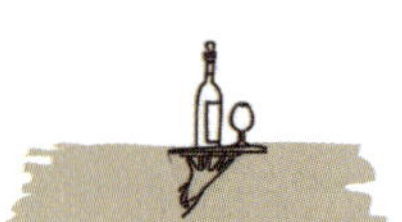

de kelner
Kellner/in

de pinda's
Erdnüsse

de chips
Chips

het bord
(Kreide-)Tafel

het menu
Speisekarte

de bar
Bar, Theke

de barman/-vrouw
Barmann/-frau

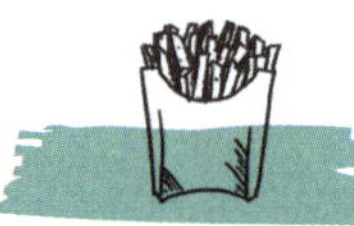

de frietjes
Pommes Frites

de bitterballen
Fleischkroketten

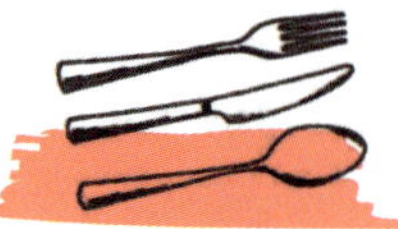

het bestek
Besteck

de sauzen
Gewürzsoßen

de mosterd
Senf

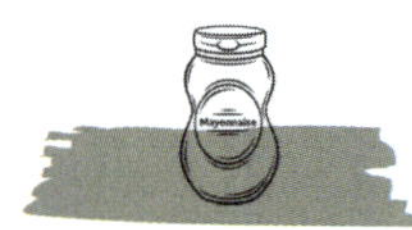

de mayonaise
Mayo

de tosti
getoastetes Sandwich

Tr. 50

- Dit is mijn eerste keer in een bruin café, wat zal ik eens nemen?
- ◎ Als het je eerste keer is, moet je een biertje van de tap proberen.
- Oké, dat klinkt goed!
- ◎ Als je van speciale bieren houdt, moet je een La Chouffe proberen. Die hebben ze van de tap.
- Kunnen we ook snacks erbij bestellen? Chips, olijven of wat blokjes kaas?
- ◎ Natuurlijk, maar als je honger hebt kunnen we ook wat borrelhapjes bestellen.
- Ja, ik heb best wel honger. Wat hebben ze?
- ◎ Daar naast de bar staat een bord met het menu erop.
- Bitterballen klinken goed. En jij?
- Misschien een tosti, dat is mijn favoriete snack.
- Super. Waar is de kelner?
- ◎ Nee, het is een kroeg. Je moet aan de bar bestellen.

1

Sehen

In de kroeg gibt es viele verschiedene Biere und Getränke. Welche **drankjes** *Getränke* und **borrelhalpjes** *Barsnacks* entdeckst du in den Wörterschlangen?

AJENEVERUHEINEKENJNWIJNKPINDAMBITTERBALLENTOSTI

1. ....
2. ....
3. ....
4. ....
5. ....
6. ....

BELGISCH BIER

Belgisches Bier ist weit über die Landesgrenzen bekannt für seine Qualität und Vielfalt. Klöster und Familienbrauereien geben ihre Handwerkskunst von Generation zu Generation weiter. Die Vielfalt der einheimischen belgischen Bierstile ist beeindruckend. Bei vielen „braunen Cafés" umfasst die Liste sogar einige hundert Biere. Es gibt keinen besseren Ort, um Spezialbiere zu kosten, mit den Einheimischen ins Gespräch zu kommen und schöne Momente gemeinsam zu erleben!

2 Hör Tom beim Bestellen zu und lies die Übersetzungen.

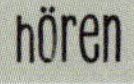

Tr. 51

• Hoi, wat kan ik voor jullie doen?	• *Hallo, was darf es sein?*
◎ Twee vaasjes graag.	◎ *Zwei große Biere bitte.*
• Anders nog iets?	• *Sonst noch etwas?*
◎ Ja, kunnen we ook wat te eten bestellen?	◎ *Ja, können wir bitte Essen bestellen?*
• Ja, natuurlijk. Voor welke tafel?	• *Ja natürlich. Für welchen Tisch?*
◎ Die in de hoek.	◎ *Für den in der Ecke.*
• Wat willen jullie graag?	• *Was hätten Sie gerne?*
◎ Een tosti graag.	◎ *Einen Käse-Schinken-Toast bitte.*
• Anders nog iets?	• *Sonst noch was?*
◎ Nee, dank je. Dat was het.	◎ *Nein, das ist alles, danke.*
• Prima, dat is dan € 9,20. a.u.b.*	• *Prima, das macht 9,20 € bitte.*
◎ Alsjeblieft.	◎ *Hier, bitte.*
• Sausjes, peper en zout en bestek vinden jullie naast de bar.	• *Soßen, Salz, Pfeffer und Besteck finden Sie neben der Theke.*

* a.u.b. ist die Abkürzung für **alstublieft** *bitte*.

3 In **de kroeg** bezahlt man alles sofort an der Bar. Dafür brauchst du die Zahlen bis hundert. Hör dir zunächst die Zahlen von 11 bis 20 an. Schreib sie dann in die richtigen Zeilen.

hören

Tr. 52

11: ____________________

12: ____________________

13: ____________________

14: ____________________

15: ____________________

16: ____________________

17: ____________________

18: ____________________

19: ____________________

20: ____________________

ZEVENTIEN ACHTTIEN VEERTIEN TWAALF DERTIEN ZESTIEN ELF TWINTIG VIJFTIEN NEGENTIEN

DE TOSTI

In fast jedem Lokal steht ein **tosti** auf der Karte. Das beliebte getoastete Sandwich mit **ham** *Schinken* und **kaas** *Käse* gibt es in verschieden Variationen. Zum Beispiel mit extra **ananas** oder **tonijn** *Thunfisch*. In Belgien nennt man das Gericht **croque-monsieur.**

Empfehlungen und Vorschläge mit moeten und zouden

Die Modalverben **moet(en)** und **zou(den)** können verwendet werden, um Empfehlungen und Vorschläge vorzubringen.

moet(en) (sollte) + Infinitiv	zou(den) + kun(nen) (könnte) + Infinitiv
Dit moet je proberen. *Das solltest du probieren.*	**We zouden eten kunnen bestellen.** *Wir könnten Essen bestellen.*

Mit **als** *falls* kannst du Bedingungen ausdrücken und mit Modalverben für Empfehlungen und Vorschlägen verbinden.

Als je in een kroeg bent
Wenn du in einem Pub bist,

→ **moet je een biertje drinken.**
solltest du ein Bier trinken.
→ **moet je een borrelhapje proberen.**
solltest du einen Barsnack probieren.
→ **zou je aan een quiz kunnen meedoen.**
könntest du an einem Quiz teilnehmen.
→ **zou je een tosti kunnen bestellen.**
könntest du einen Toast bestellen.

4 Was passt zusammen? Verbinde.

1. Als je honger hebt ...
2. Als je moe bent ...
3. Als je geen alcohol drinkt ...
4. Als je borrelhapjes wilt ...
5. Als je ketchup nodig hebt ...

A zouden we naar huis kunnen gaan.
B zou je sap of water kunnen bestellen.
C moet je ze aan de bar kopen.
D moet je aan de bar naar de sausjes vragen.
E zouden we wat te eten kunnen bestellen.

5 **In de kroeg** – *in der Kneipe*: Setz die fehlenden Wörter in die Lücken ein.

1. Kan ik wat te eten ________________ *(bestellen)*, alsjeblieft?
2. Natuurlijk. Welke ________________ *(Tisch)* ?
3. De tafel in de hoek. Ik zou graag ________________ *(Pommes frites)* willen.
4. Prima, ________________ *(sonst noch etwas)* ?

Tosti: verschillende varianten

TOSTI: VIELE VARIATIONEN

Schmecken

In **de kroeg** oder auch zuhause: Der einfache aber schmackhafte Snack ist schnell gemacht und eigentlich immer lecker. **De tosti ham-kaas** mit Ketchup ist der Klassiker, aber man kann endlos mit den Zutaten variieren. Einst entstanden in Frankreich in 1910 als croque-monsieur, jetzt ein sehr beliebter Snack bei unseren Nachbarn!

Zutaten:

1 gesneden wit brood – **1 tosti-ijzer**
2 el pesto – **4** dunne plakken salami – **1 bol** gesneden mozarella – **2** tomaten
8 plakjes ontbijtspek – **1** peer – **200g** brie – **2 el** olijfolie – **1** pan – **1 el** appelstroop

1. Italiaanse tosti: **snijd** de tomaat en mozarella **in plakken**, besmeer 2 sneetjes brood met pesto.
2. **Beleg** de sneetjes met de tomaat, salami en mozarella. **Bedek** ze met 2 andere sneetje en bak ze in het tosti-ijzer **goudbruin**.
3. Franse tosti: bak **het ontbijtspek** in **olijfolie** in een pan **krokant**.
4. Snijd de brie en **de peer** in dunne plakken.
5. **Beleg** 2 sneetjes brood met de in plakken gesneden brie, **peer** en **ontbijtspek** en bak ze in het tosti-ijzer **goudbruin**.
6. Serveer met 1 el **appelstroop**.

de tosti-ijzer *Sandwichtoaster*
in plakken snijden *in Scheiben schneiden*
beleggen *belegen*
bedekken *bedecken*
goudbruin *goldbraun*
het ontbijtspek *Frühstücksspeck*
de olijfolie *Olivenöl*
krokant *kross*
de peer *Birne*
de appelstroop *dicker Apfelsirup*

6 **hören** Tr. 53

Die Zahlen bis zwanzig kennst du bereits. Hier geht es weiter, zunächst mit den Zehnerzahlen. Hör sie dir mehrmals an. Dabei kannst du die Zahlwörter, die von der Regel abweichen, farbig ausmalen.

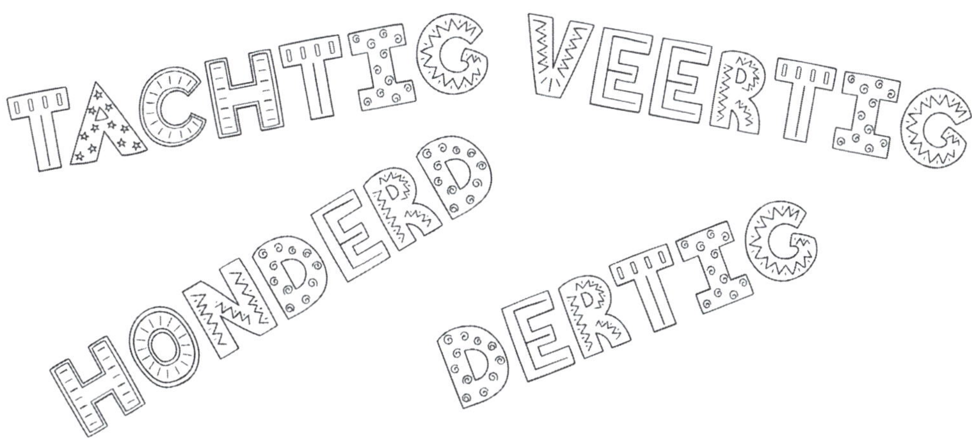

Zahlen (getallen) ab 20

Zahlen ab 20 werden wie im Deutschen zusammengesetzt:

Zahl	**Einerzahlen**	*und*	**Zehnerzahlen**
25: vijfentwintig	*vijf*	*en*	*twintig*
33: drieëndertig	*drie*	*ën*	*dertig*
88: achtentachtig	*acht*	*en*	*tachtig*

* Die Zahlen twee und drie enden auf e, deshalb bekommt das Wort **en** in der zusammengesetzten Form zwei kleine Pünktchen ➡ **ën**
* Ab 20 werden die Zahlen hinten mit -tig geschrieben. Besonderheiten: **20 = twintig, 30 = dertig, 40= veertig, 80 = tachtig**
* Jahreszahlen spricht man meist als zwei Zahlen: **2022 ➡ twintig tweeëntwintig**

7 Hör dir die Aussagen des **barman** an und wähl den richtigen Geldbetrag aus.

hören Tr. 54

1. ○ **A** € 23,50 ○ **B** € 35,20 ○ **C** € 20,35
2. ○ **A** € 8,12 ○ **B** € 8,20 ○ **C** € 18,20
3. ○ **A** € 4,50 ○ **B** € 40,50 ○ **C** € 4,15

FOOI

Der **barman** in **de kroeg** erwartet kein **fooi** *Trinkgeld*, aber es ist üblich, den Betrag aufzurunden. Wenn man bedient wird, gibt man meist etwas Trinkgeld.

8 Du bist an der Bar. Welche Antworten sind sinnvoll?

1. Hoi, wat mag het zijn?
- ◯ **A** Een glas wijn en een biertje.
- ◯ **B** Ik heb dorst.
- ◯ **C** Een vaasje alstublieft.

2. Wat voor een biertje wil je?
- ◯ **A** Een droge graag.
- ◯ **B** Een lekker vaasje.
- ◯ **C** Een trappist.

3. Aan welke tafel zit u?
- ◯ **A** Die in de hoek.
- ◯ **B** Nee, ik wil een tosti.
- ◯ **C** Die links naast de bar.

4. Anders nog iets?
- ◯ **A** Nee, dat was het.
- ◯ **B** Ja, ik zou graag nog wat eten.
- ◯ **C** Ja, graag!

9 Bestelle nun selbst für dich und deine Freunde an der Bar. Antworte auf die Fragen des Bartenders. Der Zettel sagt dir, was du bestellen sollst. Bestelle zuerst die Getränke, dann das Essen. In Track 56 hörst du ein Beispiel für eine Bestellung.

hören
Tr. 55
Tr. 56

2 La Chouffe
1 trappist
1 x bitterballen
1 tosti
1 zakje chips

10 Benutze Track 55, um weitere Bestellungen auszuführen. Diesmal suchst du aber selbst aus, was du möchtest.

hören
Tr. 55

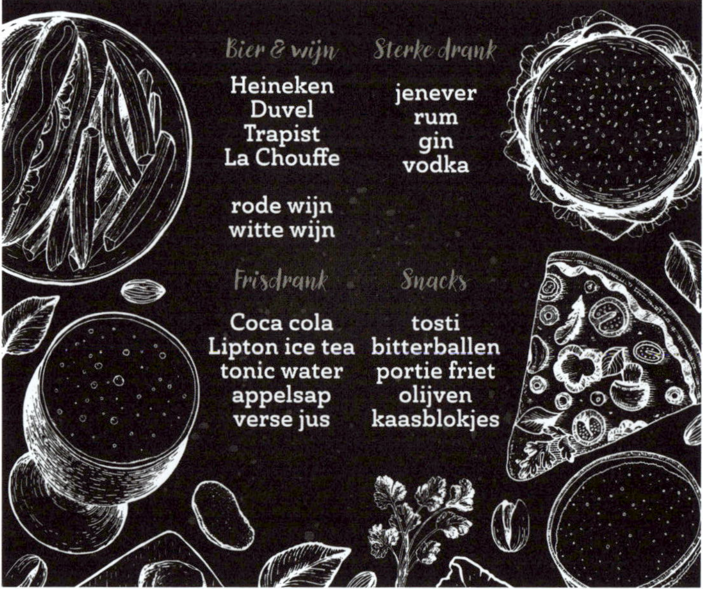

fühlen

In **kroegen** gibt es oft witzige Schilder und Sprüche. Viele enthalten **woordspelingen** *Wortspiele*, die im Niederländischen sehr beliebt sind. Verwandle deine Küche, deinen Keller oder deine Garage in eine coole Bar für deine Freunde. Mit einem selbst gestalteten Schild klappt das bestimmt. Hier ein paar Vorschläge:

Auf dem Land, auf dem Meer und in der Kneipe.

So wie die Uhr zuhause tickt, tickt sie auch in der Kneipe.

Ich schaue nie zu tief ins Glas, ich trinke immer aus der Flasche.

Lösungen

1. 1. jenever, 2. Heineken, 3. wijn, 4. pinda, 5. bitterballen, 6. tosti
3. 11: elf, 12: twaalf, 13: dertien, 14: veertien, 15: vijftien, 16: zestien, 17: zeventien, 18: achttien, 19: negentien, 20: twintig
4. 1. E, 2. A, 3. B, 4. C, 5. D
5. 1. bestellen, 2. tafel, 3. friet, 4. Anders nog iets?
7. 1. B, 2. C, 3. C
8. 1. A + C, 2. B + C, 3. A + C, 4. A + B + C

Transkriptionen

TR. 50

• Dit is mijn eerste keer in een bruin café, wat zal ik eens nemen?	*Ich bin zum ersten Mal in einer „braunen Kneipe". Was soll ich nehmen?*
• Als het je eerste keer is, moet je een biertje van de tap proberen.	*Na, wenn das dein erstes Mal ist, musst du ein Zapfbier probieren.*
• Oké, dat klinkt goed!	*Okay, das klingt gut!*
• Als je van speciale bieren houdt, moet je een La Chouffe proberen. Die hebben ze van de tap.	*Wenn du besondere Biersorten magst, solltest du La Chouffe probieren. Das haben sie hier aus dem Fass.*
• Kunnen we ook snacks erbij bestellen? Chips, olijven of wat blokjes kaas?	*Können wir was zu knabbern holen? Chips, Oliven oder Käsewürfel?*
• Natuurlijk, maar als je honger hebt kunnen we ook wat borrelhapjes bestellen.	*Klar, aber wenn du Hunger hast, können wir auch niederländische Tapas bestellen.*
• Ja, ik heb best wel honger. Wat hebben ze?	*Ja, ich habe schon Hunger. Was gibt es denn?*
• Daar naast de bar staat een bord met het menu erop.	*Da ist eine Tafel mit der Speisekarte, in der Nähe der Theke.*
• Bitterballen klinken goed. En jij?	*Bitterballen hören sich gut an. Und du?*
• Misschien een tosti, dat is mijn favoriete snack.	*Vielleicht einen Toast, das ist mein Lieblingssnack.*
• Super. Waar is de kelner?	*Prima. Wo ist die Bedienung?*
• Nee, het is een kroeg. Je moet aan de bar bestellen.	*Nein, es ist eine Kneipe, man soll an der Bar bestellen.*

TR. 53

30 dertig, 40 veertig, 50 vijftig, 60 zestig, 70 zeventig, 80 tachtig, 90 negentig, 100 honderd

TR. 54

• Dat is €35,20 alsjeblieft.	*Das macht €35,20, bitte.*
• Zo, dat is dan €18,20, graag.	*So, das macht dann €18,20, bitte.*
• Als dat alles is, dan is het €4,15.	*Wenn Sie sonst nichts mehr möchten, macht das €4,15.*

TR. 55 / 56

• Hoi, wat mag het zijn?	*Hi, was möchten Sie?*
• 2 biertjes en een cola alsjeblieft.	*Zwei Bier und eine Cola, bitte.*
• Wil je ook iets eten?	*Möchten Sie auch etwas essen?*
• Ja, een tosti en bitterballen graag.	*Ja, gern einen Toast und Bitterballen.*
• Prima. Anders nog iets?	*Prima. Noch etwas?*
• Nee, dat is alles, dank je wel.	*Nein, das ist alles, danke.*
• Dat is dan €35,70, alsjeblieft.	*Das macht €35,70, bitte.*
• Alsjeblieft.	*Hier, bitte.*
• Dank je wel. Sauzen en bestek staan op de tafel naast de bar.	*Danke. Soßen und Besteck stehen auf dem Tisch neben der Bar.*

Lektionswortschatz

kroeg, de	*Kneipe*
café, het	*Kneipe*
biertje, het	*Bier (Glas 250ml)*
vaasje, het	*Bier (Glas 340ml)*

bier, het	*Bier*
jenever, de	*Jenever*
van de tap	*vom Fass*
tosti, de	*getoastetes Sandwich*
pinda's, de	*Erdnüsse*
chips, de	*Chips*
bord, het	*Tafel*
menu, het	*Speisekarte*
bar, de	*Bar, Theke*
barman, barvrouw, de	*Barmann/-frau*
bitterballen, de	*Fleischkroketten*
bestek, het	*Besteck*
sauzen, de	*Soßen*
kelner, de	*Kellner*
eerste keer	*erstes Mal*
proberen	*versuchen, probieren*
speciaal	*speziell*
erbij	*dazu*
bestellen	*bestellen*
olijven, de	*Oliven*
honger	*Hunger*
best wel	*schon*
drankje, het	*Getränk*
likeur, de	*Likör*
Wat kan ik voor je/jullie doen?	*Was darf es sein?*
Anders nog iets?	*Sonst noch etwas?*
tafel, de	*Tisch*
welk/e	*welche/r/s*
in de hoek	*in der Ecke*
a.u.b. (alstublieft)	*bitte*
elf	*elf*
twaalf	*zwölf*
dertien	*dreizehn*
veertien	*vierzehn*
vijftien	*fünfzehn*
zestien	*sechzehn*
zeventien	*siebzehn*
achttien	*achtzehn*
negentien	*neunzehn*
twintig	*zwanzig*
dertig	*dreißig*
veertig	*vierzig*
vijftig	*fünfzig*
zestig	*sechzig*
zeventig	*siebzig*
tachtig	*achtzig*
negentig	*neunzig*
honderd	*hundert*
ham, de	*Schinken*
ananas, de	*Ananas*
tonijn, de	*Thunfisch*
zou(den) kunnen	*könnte(n)*
quiz, de	*Quiz*
moe	*müde*
naar huis gaan	*nach Hause gehen*
verschillend	*verschieden*
variant, de	*Variation*
tosti-ijzer, het	*Sandwichtoaster*
ontbijtspek, de	*Frühstücksspeck*
olijfolie, de	*Olivenöl*
appelstroop, de	*dicker Apfelsirup*
bol, de	*Kugel*
Italiaans	*italienisch*
besmeren	*bestreichen*
beleggen	*belegen*
bedekken	*bedecken*
goudbruin	*goldbraun*
Frans	*französisch*
krokant	*kross*
peer, de	*Birne*
fooi, de	*Trinkgeld*
dorst	*Durst*
woordspeling, de	*Wortspiel*
klokje, het	*Uhr*
tikken	*ticken*
diep	*tief*

TISCH, TAFEL, TELLER?

Aufgepasst: Die Deutschen schreiben etwas an die Tafel, die Niederländer essen **aan de tafel** *am Tisch* und schreiben etwas **op het bord** *auf die Tafel*. Witzigerweise steht **het bord** *der Teller* dann **op de tafel** *auf dem Tisch*, denn **bord** heißt außer *Tafel* auch noch *Teller*.

RONDJE GEVEN

Een rondje geven, *eine Runde geben* bedeutet, dass jeder in derselben Gruppe etwas zu trinken bekommt und jeder abwechselnd eine Runde Getränke holt.

Een kijkje in het verleden

EIN BLICK IN DIE VERGANGENHEIT

sehen

Begibst du dich gerne auf die Spuren der Geschichte? An alten Orten liegt ein Hauch vergangener Zeiten in der Luft – und in den Niederlanden und Belgien gibt es zahlreiche Sehenswürdigkeiten und Kunst, die uns zurückversetzen können – **in de middeleeuwen** *ins Mittelalter* oder **in de gouden eeuw** *ins Goldene Zeitalter*. Hast du Lust auf Entdeckungstour zu gehen?

hören
Tr. 57

bezichtigen
besichtigen

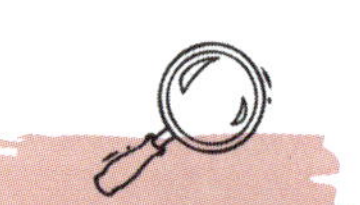

ontdekken
entdecken

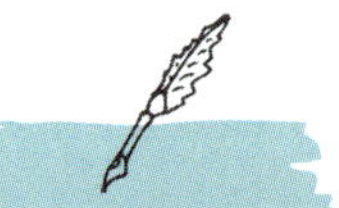

de geschiedenis
Geschichte

rijden
(Auto) fahren

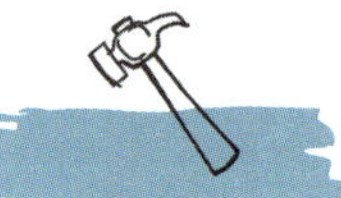

bouwen
(er)bauen

het kasteel
Burg, Schloss

de stad
Stadt, Ort

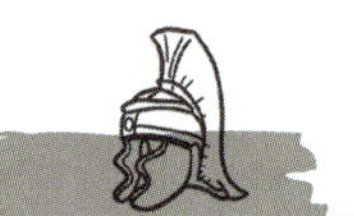

de Romeinen
die (alten) Römer

de ingang
Eingang

het entreegeld
Eintritt

het ticket
Eintrittskarte

de rondleiding
Führung

de gids
Führer/-in

de souvenirwinkel
Souvenirladen

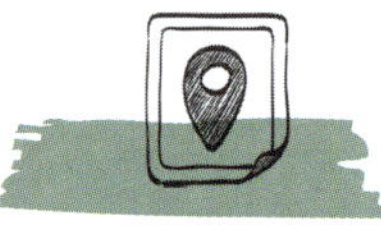

het uitstapje
Ausflug, Reise

foto's maken
Bilder machen

een selfie maken
ein Selfie machen

de audiogids
Audioführer

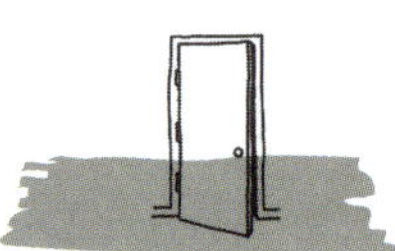

de uitgang
Ausgang

de tentoonstelling
Ausstellung

Tr. 58

- Hoi Jan, hoe was je fietstocht twee weken geleden?
- Het was heel interessant, we hebben veel gezien en geleerd.
- Klinkt goed! Waar was je overal?
- Eerst zijn we naar Tongeren gefietst, langs de Romeinse muren, de basiliek en het begijnhof.
- Oh, dat was zeker interessant?
- Ja zeker, Tongeren is de oudste stad van België en het begijnhof is Unesco werelderfgoed. Het werd circa 750 jaar geleden gebouwd.
- En daarna?
- Daarna zijn we naar de antiekmarkt gegaan. Dat is de grootste van de Benelux.
- Wow. Heb je nog wat ontdekt?
- Ja hoor, ik heb een mooi souvenir van Tongeren gekocht.

1 hören Tr. 59

Een kijkje in het verleden – *ein Blick in die Vergangenheit:* In dieser Lektion geht es um Vergangenes und du lernst Verbformen der Vergangenheit kennen. Ordne zu und markiere die Verbformen. Höre danach die niederländischen Sätze an.

1. Het was interessant.	___ **A** Wir sind zum Flohmarkt gefahren.
2. We zijn naar Tongeren gefietst.	___ **B** Ich habe ein Souvenir gekauft.
3. We zijn naar de antiekmarkt gereden.	___ **C** Hast du noch etwas entdeckt?
4. Heb je nog wat ontdekt?	___ **D** Es war interessant.
5. Ik heb een souvenir gekocht.	___ **E** Wir sind nach Tongeren geradelt.

2

Hoe lang geleden? *Wie lange ist das her?* Wenn wir uns in die Vergangenheit bewegen, brauchen wir das Wörtchen **geleden**, das wörtlich *vor(bei), her* heißt und, wie du siehst, hinter der Zeitangabe steht. Ordne zu.

1. twee weken geleden	•	**A** vor einer Stunde
2. vierduizend jaar geleden	•	**B** vor zwei Wochen
3. een uur geleden	•	**C** vor drei Monaten
4. drie maanden geleden	•	**D** vor viertausend Jahren

3 Een rondleiding door het kasteel – *eine Schlossbesichtigung*: Trag die Begriffe, die zu den Bildern passen, ins Kreuzworträtsel ein.

Sehen

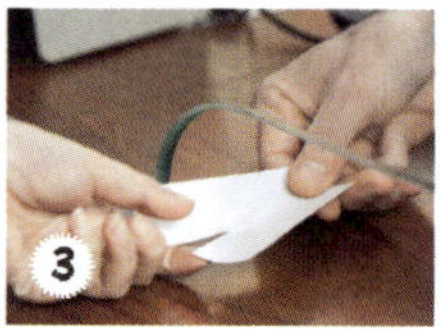

1 2 3 4

5 6 7 8

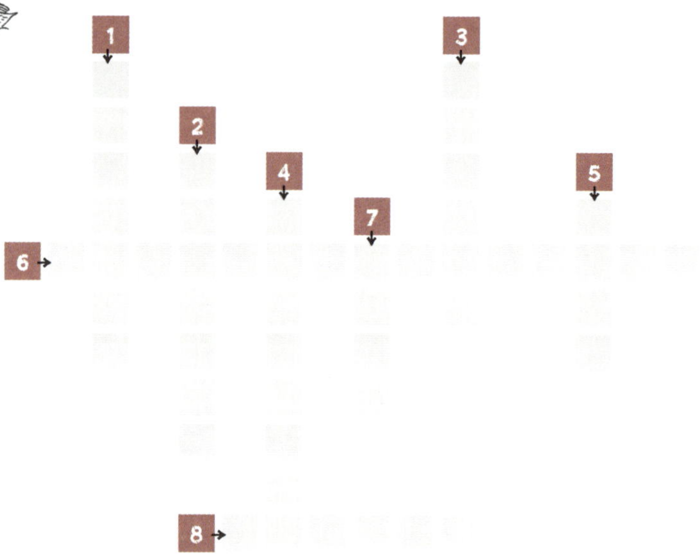

1 ↓ 2 ↓ 3 ↓ 4 ↓ 5 ↓ 6 → 7 ↓ 8 →

4 Een tentoonstelling bezoeken – *eine Ausstellung besuchen*. Füll die Lücken.

1. Eerst gaan we naar de i____________________ *(Eingang)*.
2. Hoeveel kost het e____________________ *(Eintritt)*?
3. Laten we t____________________ *(Eintrittskarten)* kopen!
4. Kunnen we een r____________________ *(Führung)* volgen?
5. Ik wil graag een a____________________ *(Audioführer)* volgen!

Das Perfekt (regelmäßig)

Um über Vergangenes zu berichten, verwenden wir das Perfekt. Es wird mit den Hilfsverben **hebben** *haben* oder **zijn** *sein* und der Partizipform gebildet. Das Partizip bilden die schwachen (regelmäßigen) Verben durch ein **ge-** vor dem Verbstamm und **-t** oder **-d** am Ende. Mit einer Eselsbrücke kann man schnell herausfinden ob **-t** oder **-d**: Endet der Verbstamm auf einen Konsonant des Wortes: **PaKeTSCHiFF X,** dann schreiben wir ein **-t**. Endet der Verbstamm anders, dann schreiben wir ein **-d**.

Verb	ge-	(Verbstamm)	-t oder -d	
werken **maken**	**ge** **ge**	**werk** **maak**	**gewerkt** **gemaakt**	
spelen **zeggen**	**ge** **ge**	**speel** **zeg**	**gespeeld** **gezegd**	**PaKeTSCHiFF X**

- Aufgepasst! Alle Verben mit -v oder -z bekommen im Partizip eine **-d**-Endung: **leven (leef) → geleefd**, **reizen (reis) → gereisd**
- Falls ein Verbstamm schon auf -t oder -d endet, bekommt er keine weitere Endung: **praten (praat) → gepraat**
- Es wird kein ge- angefügt, wenn das Verb schon eine Vorsilbe hat: **bestellen (bestel) → besteld**

5 Setz die Partizipien der regelmäßigen Verben ein.

1. Ik heb gisteren lang ______________ *(werken)*.
2. Vorige week zijn we naar het museum ______________ *(fietsen)*.
3. Afgelopen zomer ben ik naar Spanje ______________ *(reizen)*.
4. Ik heb heel lang in Keulen ______________ *(wonen)*.
5. Een paar jaar geleden heb ik altijd ______________ *(dansen)* op vrijdagavond.
6. Vanochtend heb ik eerst ______________ *(douchen)*.
7. Ik heb een lekkere vlaai ______________ *(maken)*.
8. Lien, heb je je haar al ______________ *(kammen)*?
9. Heeft u een biertje ______________ *(bestellen)*?
10. We hebben beiden in Leiden ______________ *(studeren)*.

REZEPT

Het toetje: de vlaflip

VLA GEHT IMMER

Schmecken

Desserts gab es schon im Römischen Reich: „Mensa Secunda". Für manche Naschkatzen unter uns kommt das Beste auch heute noch zum Schluss. Das Wort **toetje** kommt von **toenemen** *dazunehmen*. Die Firma Mona erfand 1973 das Wort **toetje** in ihrer Werbung: „**Doe eens een Mona-toetje na**". **Vlaflip** wurde 1963 als leckere Variation auf das **oubollige** *altbekannte* **vanillevla** *erfunden*.

Zutaten:

1 pakje diepgevroren rood fruit - **2 el** poedersuiker - **400 ml** vanillevla - **240 ml** Griekse yoghurt - **150g** aardbeien - glazen - staafmixer

1. Doe het **diepgevroren** rood fruit en de poedersuiker in een kom, maak er met de **staafmixer** een **vruchtensaus** van.
2. Zet de **glazen** neer en **schenk in** elk glas 1/4 van de Griekse yoghurt.
3. Verdeel de vruchtensaus over de **glazen**.
4. **Schenk in** elk glas nog 1/4 van de **vanillevla**.
5. Verdeel **de aardbeien** over het **toetje**.

diepgevroren *tiefgefroren*
de vanillevla *flüssiger Vanillepudding*
Griekse yoghurt *griechischer Joghurt*
de staafmixer *Stabmixer*
de vruchtensaus *Fruchtsoße*
de glazen *Gläser*
inschenken *eingießen*
opscheppen *auffüllen*
het toetje *Nachtisch*
de aardbeien *Erdbeeren*

Die Verben zijn *sein* und hebben *haben* im Perfekt

zijn *sein* und **hebben** *haben* sind starke Verben, die man sich merken sollte.

ik ben	**geweest**	**ik heb**	**gehad**
jij bent	**geweest**	**je/u hebt**	**gehad**
hij/zij/het is	**geweest**	**hij/ze/het heeft**	**gehad**

Und wann verwendet man **zijn**, wann **hebben** als Hilfsverb? Bei den allermeisten Verben verwendet man **hebben** (**ik heb gelezen**, **jij hebt gewerkt**). Bei manchen anderen verwendet man **zijn**. Die wichtigsten: **zijn, komen (ik ben gekomen), worden (ik ben geworden), beginnen (ik ben begonnen)**

6 Setz hier die passenden Formen von **zijn** oder **hebben** ein.

1. We zijn afgelopen week in Tongeren ______ .
2. Ons uitstapje is erg leuk ______ .
3. We hebben een leuke rondleiding ______ .
4. Ik ben op de oude antiekmarkt ______ .

Trennbare Verben im Perfekt

Ein Verb ist trennbar, wenn die Betonung auf der ersten Silbe liegt. Wenn das Verb trennbar ist, wird das **-ge-** hinter die erste Silbe geschrieben.

Infinitiv	Betonung auf	Perfekt
doorwerken	door	Ik heb de hele nacht door**ge**werkt.
schoonmaken	schoon	Ik heb het huis schoon**ge**maakt.
rondwandelen	rond	Ik ben in de stad rond**ge**wandeld.

7 Achtung, trennbar! Setz die richtige Perfektform der Verben ein.

1. Wanneer heb je de auto ______ *(schoonmaken)*?
2. Ik ben de hele dag in Tongeren ______ *(rondwandelen)*.
3. Sorry, ik kan niet komen, ik heb de nacht ______ *(doorwerken)*.
4. De kelner heeft een cola te veel ______ *(afrekenen)*.
5. Ik heb je voor mijn feestje ______ *(uitnodigen)*.

riechen

Tr. 60

Hoe rook het daar? *Wie roch es da?* Bilder sind nicht unsere einzigen Erinnerungen, unser Gehirn hat zahllose Gerüche gespeichert – und direkt mit unseren Emotionen verbunden. **Herinner je!** *Erinnere dich!* Schließ die Augen, hör zu und erinnere dich an das, was du gerochen hast. Du kannst dazu auch die Duftkarte zur Hand nehmen.

sehen

Tr. 61

Wat heb je gedaan? *Was habt ihr gemacht?* Betrachte die Bilder, hör die Fragen und wähl dann die jeweils richtige Antwort.

___ **A** Ja, we hebben elke dag een ijsje gegeten!
___ **B** Ik heb maar een of twee selfies gemaakt, maar Tom heeft veel foto's gemaakt.
___ **C** Nee, hebben we niet. We hebben bier gedronken in de kroeg.
___ **D** Nee, hebben we niet. We hebben de hele nacht gedanst.
___ **E** Ja, zijn we. Ik ben gereden.
___ **F** Ja, hebben we. Het was heel interessant.
___ **G** Nee, hebben we niet. Het was veel te koud.
___ **H** Ja, hebben we. Deze is voor jou!

Piet (Pieter Cornelis) Mondriaan war ein niederländischer Maler der Moderne. Er wurde am 7. März 1872 in Amersfoort geboren und verstarb in New York am 1. Februar 1944. Er wurde besonders bekannt für seine Kompositionen aus schwarzen Linien und rechteckigen Farbfeldern, für die er vor allem die Farben **rood** *rot*, **geel** *gelb* und **blauw** *blau* benutzte.

Beim Lernen einer Sprache lernt man schnell viele neue Wörter. Sie zu behalten ist leider nicht immer einfach. Bastel dir ein **Memoryboard** im Stile von Mondriaan.

Wat heb je nodig:

- **een schildersdoek 40x50 cm**
  1 Leinwand 40x50 cm
- **de acrylverf: blauw, rood, geel**
  Acrylfarbe: Blau, Rot, Gelb
- **de kwasten**
  Pinsel
- **het zwarte elastiek**
  schwarzes Gummiband
- **de splitpennen**
  Musterbeutelklammern
- **nietmachine**
  Handtacker
- **het potlood**
  Bleistift
- **de kleine kaartjes**
  kleine Kärtchen

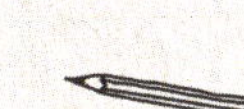

Stap voor stap

- Teken **met potlood** 3 **strepen** *Streifen* van **boven** *oben* naar **beneden** *unten* en van links naar rechts op **het schildersdoek**, verf de **vensters** *Fenster* in blauw, rood of geel, zwart of laat ze wit.
- Als alles gedroogd is, niet je met **de nietmachine** *dem Tacker 3 zwarte elastieken* op de **achterkant** *die Rückseite* boven en beneden en links en rechts van het schildersdoek vast. Doe dit op de **hoogte** *Höhe* van de **potloodstrepen** *Bleistiftstreifen*.
- **Steek** *steche* nu **voorzichtig** *vorsichtig* **de splitpennen** in het midden waar **de elastieken** elkaar **kruisen** *kreuzen* door het **schildersdoek** en maak de **splitpennen** aan **de achterkant** *Rückseite* vast.
- Schrijf de **moeilijke** *schwierige* woordjes op kleine kaartjes en steek ze tussen de elastiekjes op het memorybord.

Lösungen

1. 1. D, 2. E, 3. A, 4. C, 5. B
2. 1. B, 2. D, 3. A, 4. C
3. 1. kasteel, 2. uitgang, 3. ticket, 4. romeinen, 5. gids, 6. tentoonstelling, 7. stad, 8. ingang
4. 1. ingang, 2. entreegeld, 3. tickets, 4. rondleiding, 5. audiogids
5. 1. gewerkt, 2. gefietst, 3. gereisd, 4. gewoond, 5. gedanst, 6. gedoucht, 7. gemaakt, 8. gekamd, 9. besteld, 10. gestudeerd
6. 1. geweest, 2. geweest, 3. gehad, 4. geweest
7. 1. schoongemaakt, 2. rondgewandeld, 3. doorgewerkt, 4. berekend, 5. uitgenodigd
9. 1. F, 2. D, 3. G, 4. A, 5. B, 6. C, 7. E, 8. H

Transkriptionen

TR. 58

• Hoi Jan, hoe was je fietstocht twee weken geleden?	*Hi Jan! Wie war deine Radreise vor zwei Wochen?*
• Het was heel interessant, we hebben veel gezien en geleerd.	*Es war sehr interessant. Wir haben viel gesehen und gelernt.*
• Klinkt goed! Waar was je overal?	*Klingt gut! Wo warst du überall?*
• Eerst zijn we naar Tongeren gefietst, langs de Romeinse muren, de basiliek en het begijnhof.	*Zuerst sind wir nach Tongeren geradelt, entlang der römischen Mauer, der Basilika und dem Begijnhof.*
• Oh, dat was zeker interessant.	*Oh, das war bestimmt interessant.*
• Ja zeker, Tongeren is de oudste stad van België en het begijnhof is Unesco werelderfgoed. Het werd circa 750 jaar geleden gebouwd.	*Ja, Tongeren ist die älteste Stadt Belgiens und der Begijnhof ist Unesco Weltkulturerbe. Er wurde vor circa 750 Jahren gebaut.*
• En daarna?	*Und danach?*
• Daarna zijn we naar de antiekmarkt gegaan. Dat is de grootste van de Benelux.	*Danach sind wir zum Flohmarkt gegangen. Es ist der größte der Benelux.*
• Wow. Heb je nog wat ontdekt?	*Wow. Hast du noch etwas entdeckt?*
• Ja hoor, ik heb een mooi souvenir van Tongeren gekocht.	*Ja, ich habe ein schönes Souvenir von Tongeren gekauft.*

TR. 60

Sluit je ogen.	*Schließ deine Augen.*
Herinner je je aan de zee?	*Erinnerst du dich ans Meer?*
Adem in. Hoe rook het?	*Atme ein. Wie roch es?*
Adem in en herinner je.	*Atme ein und erinnere dich.*
Herinner je je aan een mooie lange wandeling?	*Erinnerst du dich an einen schönen langen Spaziergang?*
Hoe was het weer?	*Wie war das Wetter?*
Herinner je. Wat heb je geroken?	*Erinnere dich. Was hast du gerochen?*
Adem in. Ruik de lucht op je wandeling.	*Atme ein. Rieche die Luft auf deinem Spaziergang.*
Adem en herinner je.	*Atme und erinnere dich.*
Wat was je favoriete reis?	*Was war deine liebste Reise?*
Herinner je je waar je heen bent gegaan?	*Erinnerst du dich, wohin du gegangen bist?*
Wat heb je gezien? En wat heb je geroken?	*Was hast du gesehen? Und was hast du gerochen?*
Adem in en herinner je.	*Atme ein und erinnere dich.*

TR. 61

• Heb je de tentoonstelling bezocht?	*Hast du die Ausstellung besucht?*
• Hebben jullie 's nachts geslapen?	*Habt ihr nachts geschlafen?*
• Heb je in de zee gezwommen?	*Bist du im Meer geschwommen?*
• Heb je een ijsje gegeten?	*Hast du Eis gegessen?*
• Heb je foto's gemaakt?	*Hast du Bilder gemacht?*
• Hebben jullie Belgisch bier gedronken?	*Habt ihr belgisches Bier getrunken?*

- Zijn jullie met de auto gereden? *Seid ihr mit dem Auto gefahren?*
- Hebben jullie T-shirts gekocht? *Habt ihr T-Shirts gekauft?*

Lektionswortschatz

kijkje, het	*Blick*
verleden, het	*Vergangenheit*
middeleeuwen, de	*Mittelalter*
gouden eeuw, de	*Goldenes Zeitalter*
bezichtigen	*besichtigen*
ontdekken	*entdecken*
geschiedenis, de	*Geschichte*
rijden	*(Auto)fahren*
bouwen	*(er)bauen*
kasteel, het	*Burg, Schloss*
stad, de	*Stadt*
Romeinen, de	*Römer*
ingang, de	*Eingang*
entreegeld, het	*Eintritt*
ticket, het	*Eintrittskarte*
rondleiding, de	*Führung*
gids, de	*Führer/in*
souvenirwinkel, de	*Souvenirladen*
uitstapje, het	*Ausflug, Reise*
foto's maken	*Bildermachen*
een selfie maken	*ein Selfie machen*
audiogids, de	*Audioführer*
uitgang, de	*Ausgang*
tentoonstelling, de	*Ausstellung*
fietstocht, de	*Radtour*
was	*war*
twee weken geleden	*vor zwei Wochen*
interessant	*interessant*
leren	*lernen*
overal	*überall*
fietsen	*radeln*
langs	*entlang*
muur, de	*Mauer*
basiliek, de	*Basilik*
begijnhof, het	*Beginenhof*
zeker	*bestimmt, sicherlich*
oudste	*älteste*
Unesco werelderfgoed	*Unesco Weltkulturerbe*
werd	*wurde*
daarna	*dann, danach*
antiekmarkt, de	*Flohmarkt*
grootste	*größte*
lang geleden	*lange her*
duizend	*tausend*
bezoeken	*besuchen*
gisteren	*gestern*
museum, het	*Museum*
dansen	*tanzen*
douchen	*duschen*
kammen	*kämmen*
studeren	*studieren*
toetje, het	*Nachspeise*
toenemen	*dazunehmen*
oubollig	*altbekannt*
pakje, het	*Päckchen*
diepgevroren	*tiefgefroren*
vanillevla	*niederländischer Vanillepudding*
glazen, de	*Gläser*
staafmixer, de	*Stabmixer*
inschenken	*eingießen*
geweest	*gewesen*
gehad	*gehabt*
schoonmaken	*saubermachen*
auto, de	*Auto*
rondwandelen	*herumspazieren*
doorwerken	*durcharbeiten*
berekenen	*berechnen*
rook	*roch*
zich herinneren	*sich erinnern*
ijsje, het	*Eiscreme*
schildersdoek, het	*Leinwand*
verf, de	*Farbe*
elastiek, het	*Gummiband*
splitpen, de	*Musterbeutelklammer*
nietmachine, de	*Handtacker*
vastnieten	*tackern, heften*
potlood, het	*Bleistift*
stap voor stap	*Schritt für Schritt*
beneden	*unten*
boven	*oben*
venster, het	*Fenster*
achterkant, de	*Rückseite*
steken	*stecken*
voorzichtig	*vorsichtig*
overlappen	*überschneiden*

Lief dagboek,

LIEBES TAGEBUCH,

sehen

Wer weiß, was sich in einem **koffer** *Koffer* **op de zolder** *auf dem Dachboden* so findet? Bist du manchmal auch neugierig, wie deine Groß- oder Urgroßeltern ihr **leven** *Leben* gelebt haben? Manchmal finden wir Dinge, die es uns möglich machen, uns ein wenig in die Vergangenheit hineinzuspüren, an denen besondere **herinneringen** *Erinneringen* haften. Vielleicht sogar ein **dagboek** *Tagebuch*, das uns in ein vergangenes Leben eintauchen lässt.

hören
Tr. 62

de zolder
Dachboden

de koffer
Koffer

de bruidsjurk
Brautkleid

trouwen
heiraten

de bruid
Braut

de bruidegom
Bräutigam

het fotoalbum
Fotoalbum

de langspeelplaat
Schallplatte

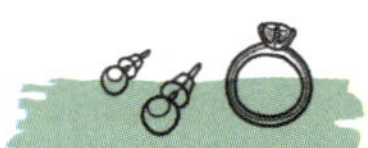

de sieraden
Schmuck

het dagboek
Tagebuch

de pagina
Seite

het stel
Paar

kussen/zoenen
küssen

het schilderij
Gemälde

de parel
Perle

feesten
feiern

feliciteren
gratulieren

het cadeau
Geschenk

de receptie
Empfang, Feier

dansen
tanzen

Tr. 63

• Schat, mam heeft mij oma's trouwjurk gegeven. Hij is echt perfect!

◎ Liefje, ik trouw met je en het maakt niet uit wat je draagt.

• Dat weet ik schat, maar je zal je ogen uitkijken. De jurk is schitterend!

◎ Mag ik hem dan al eens zien?

• Nee, natuurlijk niet! De bruidegom mag de jurk niet van tevoren zien.

◎ Oké, ik zal geduldig zijn. Maar wat is dat allemaal?

• Dat zat in een koffer op de zolder en was van mijn oma.

◎ Laten we eens kijken ... twee fotoalbums, langspeelplaten, een schilderij en een kleine sieradendoos.

• Maar het allerbeste is het dagboek. Ze heeft over haar leven met opa geschreven.

◎ Waren ze een leuk stel?

• Ja, zeker. Ze waren dol op elkaar. Geef me een kus, dan lees ik een paar pagina's uit het dagboek voor.

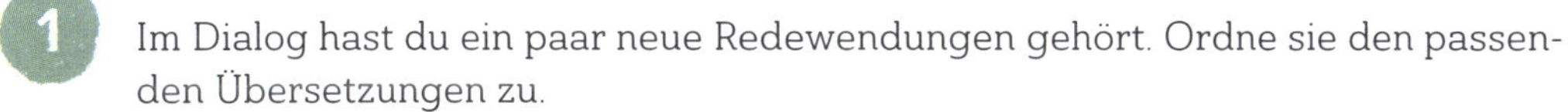

1 Im Dialog hast du ein paar neue Redewendungen gehört. Ordne sie den passenden Übersetzungen zu.

1. Het maakt niet uit wat je draagt. •	**A** Du wirst begeistert sein.
2. Je zal je ogen uitkijken. •	**B** Das gehörte meiner Oma.
3. Hij is schitterend. •	**C** Ganz egal, was du anhast.
4. Dat was van mijn oma. •	**D** Sie beteten einander an.
5. Ze waren dol op elkaar. •	**E** Es ist wunderschön.

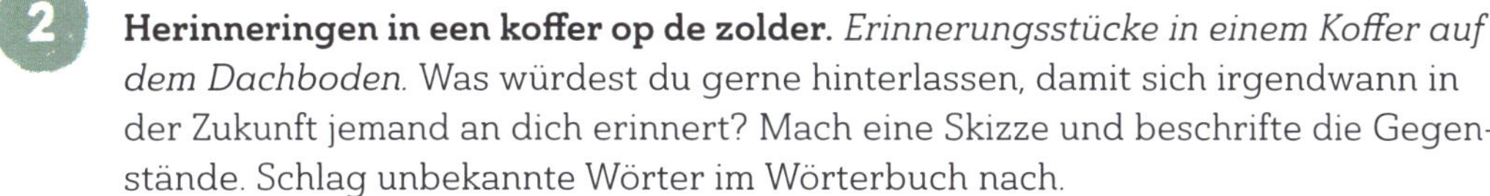

2 **Herinneringen in een koffer op de zolder.** *Erinnerungsstücke in einem Koffer auf dem Dachboden.* Was würdest du gerne hinterlassen, damit sich irgendwann in der Zukunft jemand an dich erinnert? Mach eine Skizze und beschrifte die Gegenstände. Schlag unbekannte Wörter im Wörterbuch nach.

3 **Annie en haar oma:** Manche Dinge macht Annie genau wie ihre Großmutter – manche nicht. Füll die Lücken mit Verben in der richtigen Zeitform.

* maken
* luisteren
* werken
* trouwen

1. Mijn oma is ______________ toen ze twintig was. Ik ______________ ook jong.
2. Ik ______________ elke dag naar een podcast. Mijn oma heeft vroeger ook elke dag naar muziek ______________ .
3. Jij ______________ op school. Opa heeft vroeger ook als leraar ______________ .
4. Ik ______________ sieraden. Mijn oma heeft vroeger ook kettingen ______________ .

4 **Een oude foto.** *Ein altes Foto.* Hör den Dialog, betrachte das Bild und wähl dann die richtigen Antworten.

hören
Tr. 64

1. Mies en Karel waren ...
   - ◯ **A** Tims ouders.
   - ◯ **B** Annies grootouders.
   - ◯ **C** Annies leraren.
2. Op haar trouwdag had Mies ...
   - ◯ **A** mooie bloemen.
   - ◯ **B** lange haren.
   - ◯ **C** rode schoenen
3. Op hun trouwfoto zien ze er ... uit.
   - ◯ **A** moe.
   - ◯ **B** grappig.
   - ◯ **C** gelukkig.
4. Het stel was ...
   - ◯ **A** heel gelukkig met drie kinderen.
   - ◯ **B** ongelukkig getrouwd.
   - ◯ **C** verliefd op andere mensen.

5 Welche Erinnerungsstücke findest du in der Wörterschlange? Markiere.

sehen

VDSCHILDERIJULIDAGBOEKSTFOTOALBUMISIERADENYGRA

Die einfache Zukunft (Futur 1)

Vorhersagen über das, was in der Zukunft sein oder passieren wird, kann man im Niederländischen auf drei Weisen machen: mit dem Präsens, mit dem Hilfsverb **zullen** *werden* + Infinitiv oder dem Verb **gaan** + Infinitiv.

Annie leest morgen het dagboek.
Annie wird morgen das Tagebuch lesen.

Ik ga dit weekend dansen.
Ich werde dieses Wochenende tanzen.

Tim zal met Annie trouwen.
Tim wird Annie heiraten.

Das Verb **zullen** hat nur eine Singularform: **zal** *wird* und eine Pluralform: **zullen** *werden*. Das Präsens und **gaan** + Infinitiv sind eher informell, während **zullen** + Infinitiv sehr formell ist und einen Vorschlag, ein Versprechen oder eine Vorhersage ausdrückt.

6 Formulier aus den vorgegebenen Wörtern sinnvolle Sätze im Futur mit **zullen.**

1. Ik ✲ trouwen ✲ jou ✲ met

____

2. De bruid ✲ een schitterende jurk ✲ dragen

____

3. De koffer ✲ je ✲ op zolder ✲ vinden

____

4. een mooi leven ✲ hebben ✲ ze

____

7 **De geur van de herinneringen.** *Der Geruch von Erinnerungen:* Erinnerungen sind oft stark mit Gerüchen verbunden: **de appeltaart van oma Mies** *der Apfelkuchen von Oma Mies*, **de open haard van de grootouders** *der Kamin der Großeltern* ... Welche Personen, Orte oder Ereignisse verbindest du mit Gerüchen? Schreibe auf.

REZEPT

Hete bliksem

HIMMEL UND ÄAD

Hete bliksem ist ein traditionelles Gericht, das bei den Bauern in der Veluwe entstand. Man kann sich streiten, wo das Gericht herkommt, denn seit dem 18. Jahrhundert ist es auch als rheinisches Gericht bekannt. Während in den Niederlanden **rookworst** *Rauchwurst* oder **spek** *Speck* dazu gereicht werden, sind in Deutschland eher Blut- oder Mettwurst beliebt. Heute wie früher ein guter Gedanke gegen die Lebensmittelverschwendung: In diesem Gericht kann man auch nicht ganz so schöne Äpfel verwerten.

Zutaten:

800 g aardappels - **500 g** appels - **2 el** mosterd - **250 g** spekreepjes - **1 grote** ui - **1 klontje** boter - **1 snufje** kaneel - **1 scheut** melk - peper en zout

1. Schil de aardappels en de appels en snijd ze in blokjes.
2. Breng een pan met water aan de kook. Kook de aardappels 15 min.
3. Snijd de ui in **ringen** en **verhit** boter in een pan.
4. Bak de ui en de appel in de pan **ongeveer** 10 minuten goudbruin.
5. Bak het spek in een andere pan krokant.
6. **Stamp** de aardappels tot een **puree**, doe de mosterd erbij, **kruid** met peper en zout en **meng** het spek en de appels **erdoor**.

ringen *Ringe*
ongeveer *etwa*
het scheutje *Schuss*
stampen *stampfen*
puree *Püree*
verhit *erhitze*
kruid *würze*
erdoor mengen *untermischen*

Zilver en goud. *Silber und Gold.* **Luister naar Tim en zijn moeder terwijl ze de sieradendoos van oma openen.** Kreuz an, was sich darin befindet.

hören
Tr. 65

sehen

De boodschap van de ring *Die Botschaft des Rings*: Die Steine buchstabieren das Wort **schat** Schatz. Es ist ein beliebter Kosenamen für die Liebsten, ob Mann, Frau oder Kind. Mal die Edelsteine auf dem Ring so aus, dass die Anfangsbuchstaben der Steinarten das Wort **SCHAT** bilden. Würde dir ein solcher Ring gefallen?

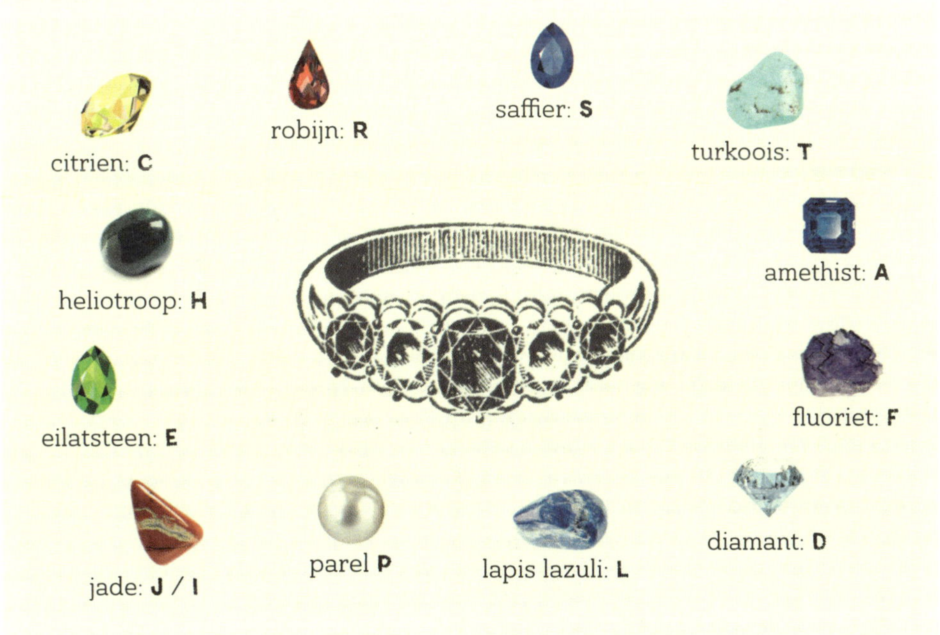

Andere beliebte Kosenamen sind **liefje** *Schatz* oder **lieverd** *Liebster* und **lieve/ liefste** *Liebe(r)/Liebste(r)*. Fallen dir weitere liebe Wörter ein, die man aus den Namen der Steine kombinieren könnte?

10 **Op de bruiloft.** *Auf der Hochzeit:* Lies die Sätze über den Ablauf der Hochzeit und entscheide, ob das wahrscheinlich richtig oder vermutlich falsch ist.

	richtig	falsch
1. Na het trouwen zal de bruidegom de bruid kussen.	○	○
2. De bruid zal een spijkerbroek en een oud shirt dragen.	○	○
3. De gasten zullen het gelukkige bruidspaar feliciteren.	○	○
4. Op de bruiloft zullen de mensen dansen.	○	○
5. Alle vrouwen zullen de bruidegom kussen.	○	○
6. Er zal lekker eten en een mooie bruidstaart zijn.	○	○

11

hören

Tr. 66

Vor ihrer Hochzeit denkt Annie über ihre Großeltern und deren **huwelijk** *Ehe* nach – und darüber, wie ihre eigene Ehe wohl sein wird. Glücklicherweise ist Tim überzeugt, dass ihre Ehe der der Großeltern in nichts nachstehen wird. Ordne die Aussagen der beiden einander zu. Hör im Anschluss das ganze Gespräch.

1. Kijk naar deze foto's. Mijn grootouders hadden een mooie trouwdag! •	**A** Wij gaan ook veel dansen.
2. Oma zag er erg mooi uit. •	**B** We zullen ook een gelukkig stel worden.
3. Ze hebben veel gedanst. •	**C** Onze bruiloft gaat ook mooi worden.
4. Ze hadden samen een goed leven. •	**D** Jij zal ook mooi zijn.
5. Ik denk dat ze een gelukkig stel waren. •	**E** Schat, wij zullen samen ook een goed leven hebben.

fühlen

Laten we met een dagboek beginnen! *Lass uns ein Tagebuch beginnen.* Erinnerungen festhalten – für dich selbst, oder vielleicht sogar für liebe Menschen in der Zukunft – kann sehr bereichernd sein.

Wat heb je nodig?

- **een notitieboekje**
  Notizbuch
- **pennen of potloden**
  Stifte oder Bleistifte
- **schaar en lijm**
  Schere und Klebstoff

Schrijf in het Nederlands of in het Duits, maar voeg opmerkingen toe in het Nederlands.
Schreib Niederländisch oder Deutsch, aber kommentiere auf Niederländisch.

Plak tickets of gedroogde bloemen op.
Kleb Tickets oder gepresste Blumen ein.

Maak tekeningen.
Zeichne Bilder.

Uit je gevoelens.
Drück deine Gefühle aus.

Schrijf vaak.
Schreib oft.

Lösungen

1. 1. C, 2. A, 3. E, 4. B, 5. D
3. 1. getrouwd, trouw , 2. luister, geluisterd, 3. werkt, gewerkt, 4. maak, gemaakt
4. 1. B, 2. A, 3. C, 4. A.
5. schilderij, dagboek, fotoalbum, sieraden
6. 1. Ik zal met je trouwen. 2. De bruid zal een schitterende jurk dragen. 3. De koffer zal je op zolder vinden. 4. Ze zullen een mooi leven hebben.
8. 2, 3, 4, 6
10. 1. r, 2. f, 3. r, 4. r, 5. f, 6. r
11. 1. C, 2. D, 3. A, 4. E, 5. B

Transkriptionen

TR. 63

• Schat, mam heeft mij oma's trouwjurk gegeven. Hij is echt perfect.	*Schatz, Mama hat mir das Brautkleid meiner Großmutter geben. Es ist wirklich perfekt.*
• Liefje, ik trouw met je en het maakt niet uit wat je draagt.	*Liebling, ich werde dich heiraten egal, was du trägst.*
• Dat weet ik schat, maar je zal je ogen uitkijken. De jurk is schitternd.	*Das weiß, ich, Schatz, aber du wirst begeistert sein. Das Kleid ist wunderschön.*
• Mag ik hem dan al eens zien?	*Kann ich es dann schonmal sehen?*
• Nee, natuurlijk niet! De bruidegom mag de jurk niet van tevoren zien.	*Nein, natürlich nicht! Der Bräutigam darf es nicht vorher sehen.*
• Oké, ik zal geduldig zijn. Maar wat is dat allemaal?	*Okay, ich werde geduldig sein. Aber was sind das für Sachen?*
• Dat zat in een koffer op de zolder en was van mijn oma.	*Die waren in einem Koffer auf dem Dachboden. Sie gehörten meiner Oma.*
• Laten we eens kijken... twee fotoalbums, langspeelplaten, een schilderij en een kleine sieradendoos.	*Lasst mal sehen ... zwei Fotoalben, Schallplatten, ein Gemälde und eine kleine Schmuckschachtel.*
• Maar het allerbeste is het dagboek. Ze heeft over haar leven met opa geschreven.	*Aber am allerbesten: ein Tagebuch. Sie hat über ihr Leben mit Opa geschrieben.*
• Waren ze een leuk stel?	*Waren sie ein gutes Paar?*
• Ja, zaker. Ze waren dol op elkaar. Geef me een kus, dan lees ik een paar pagina's uit het dagboek voor.	*Ja, sicher. Sie beteten einander an. Küss mich, und ich lese dir ein paar Seiten aus dem Tagebuch vor.*

TR. 64

• Is dit de trouwfoto van je grootouders, Annie?	*Ist das das Hochzeitsfoto deiner Großeltern, Annie?*
• Ja, dat is oma Mies en opa Karel.	*Ja, das ist Oma Mies und Opa Karel.*
• Ze zien er gelukkig uit. Vertel me over hen!	*Sie sehen glücklich aus. Erzähl mir von ihnen.*
• Ze leerden elkaar op school kennen en werden verliefd.	*Sie trafen sich in der Schule und verliebten sich.*
• Op school? Waren ze kinderen?	*In der Schule? Sie waren Kinder?*
• Nee, ze waren beide leraar.	*Nein, sie waren beide Lehrer.*
• Mies had op haar trouwdag mooie bloemen.	*Mies hatte an ihrem Hochzeitstag schöne Blumen.*
• Ja, ze zijn mooi, niet waar?	*Ja, sie sind schön, nicht wahr?*
• Hoe was hun huwelijk?	*Wie war ihre Ehe?*
• Het was goed. Ze hadden drie kinderen.	*Sie war gut. Sie hatten drei Kinder.*
• Ja, ik weet het. Maar hielden ze van elkaar?	*Ja, ich weiß. Aber liebten sie einander?*
• Ja, ze waren dol op elkaar.	*Ja, sie beteten einander an.*

TR. 65

• Mama, wat zit er in de sieradendoos?	*Mama, was ist in der Schmuckschachtel?*
• Laten we kijken.	*Lasst uns schauen.*
• Dit is het kleine zilveren kruis van oma. Ze droeg het altijd.	*Da ist Omas kleines Silberkreuz. Sie trug es ständig.*

- Ja dat klopt. Hier zijn een paar pareloorbellen. — *Ja, das stimmt. Hier sind ein paar Perlenohrringe.*
- Ik kan me daaraan niet herinneren. — *An die kann ich mich nicht erinnern.*
- Ze heeft ze niet vaak gedragen. Hier is haar trouwring en die van opa. — *Sie hat sie nicht oft getragen. Hier ist ihr Ehering, und Opas.*
- De naam Karel staat erin en de trouwdatum. — *Der Name Karel steht drinnen und das Hochzeitsdatum.*
- In dit doosje zit een bijzondere ring. Hij was van haar moeder. — *In dieser Box ist ein besonderer Ring. Er gehörte ihrer Mutter.*
- Mijn overgrootmoeder? — *Meiner Urgroßmutter?*
- Ja, kijk, hij heeft edelstenen in verschillende kleuren. — *Ja, schau, er hat Steine in unterschiedlichen Farben.*
- Hij is mooi. — *Er ist hübsch.*
- Hij is niet alleen mooi, er is ook een boodschap in de edelstenen. Maar je moet de code kennen om het te lezen. — *Er ist nicht nur hübsch, es gibt auch eine Botschaft in den Steinen. Aber du musst den Code kennen, um sie zu lesen.*

Lektionswortschatz

dagboek, het	*Tagebuch*
koffer, de	*Koffer*
zolder, de	*Dachboden*
herinnering, de	*Erinnerung*
bruidsjurk, de	*Brautkleid*
trouwen	*heiraten*
bruid, de	*Braut*
bruidegom, de	*Bräutigam*
fotoalbum, het	*Fotoalbum*
langspeelplaat, de	*Schallplatte*
sieraden, de	*Schmuck*
pagina, de	*Seite*
stel, het	*Paar, paar*
kussen, zoenen	*küssen*
schilderij, het	*Gemälde*
parel, de	*Perle*
feesten	*feiern*
feliciteren	*gratulieren*
cadeau, het	*Geschenk*
het maakt niet uit	*es ist egal*
je zal je ogen uitkijken	*du wirst begeistert sein*
schitterend	*wunderschön*
van te voren	*vorher*
geduldig	*geduldig*
ongeduldig	*ungeduldig*
allerbeste, het	*Allerbeste*
dol zijn op elkaar	*einander anbeten*
toen	*als*
muziek, de	*Musik*
school, de	*Schule*
leraar, de	*Lehrer/in*
maken	*machen*
ketting, de	*Kette*
gelukkig	*glücklich*
ongelukkig	*unglücklich*
appeltaart, de	*Apfelkuchen*
open haard, de	*Kamin*
hete bliksem	*traditionelles Gericht mit Kartoffeln und Äpfeln*
Veluwe	*Region in NL*
rookworst, de	*geräucherte Wurst*
spekreepje, het	*Speckstreifen*
klontje, het	*Stückchen*
scheut, de	*Schuss*
ring, de	*Ring*
ongeveer	*etwa, circa*
stampen	*stampfen*
puree, de	*Püree*
zilver, het	*Silber*
goud, het	*Gold*
terwijl	*während*
sieradendoos, de	*Schmuckschachtel*
openen	*öffnen*
kruis, het	*Kreuz*
oorbel, de	*Ohrring*
trouwring, de	*Ehering*
bruiloft, de	*Hochzeit*
overgrootmoeder, de	*Urgroßmutter*
edelsteen, de	*Edelstein*
boodschap, de	*Botschaft*
lieverd, de	*Liebste/r*
spijkerbroek, de	*Jeanshose*
gast, de	*Gast*
bruidstaart, de	*Hochzeitskuchen*
huwelijk, het	*Ehe*
trouwdag, de	*Hochzeitstag*
notitieboekje, het	*Notizbuch*
uiten	*ausdrücken*
trouwfoto, de	*Hochzeitsfoto*

Rembrandt in Amsterdam

REMBRANDT IN AMSTERDAM

sehen

Amsterdam ist eine aufregende und lebendige Stadt, in der es unzählige Dinge zu entdecken gibt. Wir begeben uns auf die Spuren von Rembrandt, einem der bekanntesten niederländischen Maler aller Zeiten. In Amsterdam kannst du sein berühmtes Gemälde **De Nachtwacht** bewundern. Das Rijksmuseum verwahrt eine große Sammlung der Malerei aus dem **Gouden Eeuw** *Goldenen Zeitalter* der Niederlanden.

hören
Tr. 67

 **Amsterdam** *Amsterdam*	 **de grachten** *Grachten*	 **het gebouw** *Gebäude*	 **het museum** *Museum*
 **de brug** *Brücke*	 **de Gouden eeuw** *das Goldene Zeitalter*	 **de metro** *U-Bahn*	 **de bus** *Bus*
 **de trein** *Zug*	 **het station** *Bahnhof, Halt*	 **de boot, het schip** *Boot, Schiff*	 **varen** *fahren auf Wasser*
 **de tram** *Straßenbahn*	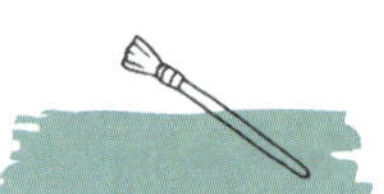 **schilderen** *malen*	 **tentoonstellen** *ausstellen*	 **de meesters** *Meister*
 **de bezienswaardigheid** *Sehenswürdigkeit*	 **de spreekbeurt** *Referat*	 **de rondvaart** *Rundfahrt*	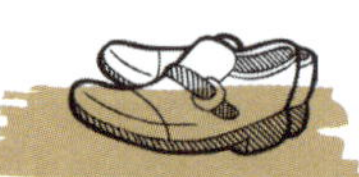 **wandelen** *spazieren*

Tr. 68

- ● Het is fijn om in Amsterdam te zijn, toch?
- ◎ Ja, er is zoveel te zien. Ik wil graag naar het Rijksmuseum.
- ● Echt?
- ◎ Ja, ik hou een spreekbeurt over de Gouden Eeuw en wil de schilderijen van de oude meesters bezichtigen.
- ● Oké. Even kijken, hoe komen we daar?
- ◎ We kunnen vanaf het centraal station met tram 12 naar het Museumplein rijden en dan nog 5 minuten wandelen.
- ● ... of we kunnen met de boot over de grachten varen. Laten we een rondvaart boeken, dan komen we langs alle bezienswaardigheden van Amsterdam.
- ◎ Ja, top. Laten we dat doen. Wat een leuk idee!

1 Ordne die Wendungen aus dem Dialog ihren Übersetzungen zu.

1. een spreekbeurt houden	•	**A**	die Straßenbahn nehmen
2. de oude meesters	•	**B**	Wie kommen wir da hin?
3. Hoe komen we daar?	•	**C**	mit dem Boot fahren
4. met de boot varen	•	**D**	die alten Meister
5. de tram nemen	•	**E**	ein Referat halten

OV PAY

Egal ob Dorf, Stadt oder Metropole, die meisten Orte in den Niederlanden lassen sich mit **OV** *ÖPNV* bequem erreichen. Bargeldlos bezahlen wie im Supermarkt! Zum Einchecken hältst du deine Kreditkarte, Smartwatch oder Smartphone ans Lesegerät. Wenn es piept, bist du eingecheckt. Zum Auschecken genau dasselbe. Die Reisekosten werden dann vom Konto abgebucht.

2 hören Tr. 69

Bezienswaardigheden *Sehenswürdigkeiten* anschauen ist toll – das Wort lässt uns aber vergessen, dass auch die anderen Sinne viel zu entdecken haben. Also spitz deine Ohren, wir werden **geluiden toewijzen**! *Ordne die Bilder den Geräuschkulissen zu.*

1

2

3

4

5

6

___ **A** Wat een drukte in de winkelstraat.
___ **B** Ik hou van een koffie verkeerd, veel melk en een beetje koffie.
___ **C** De trein is gearriveerd op perron 4.
___ **D** Hier hangen veel schilderijen van de oude meesters.
___ **E** Dit hoor je als je in de Johan Cruijff Arena bent.
___ **F** Dit is het geluid van de Westerkerk aan de Prinsengracht.

LET OP!

Das Wort **zijn** steht in der Überschrift von Übung 3 im Präteritum: **ik was, wij waren**

3 hören Tr. 70

Het was fijn om in Amsterdam te zijn! Höre was Lien ihrer Mutter geschrieben hat und ergänze dann die Lücken.

Lieve mam,

Voor mijn ________ 1 over de ________ 2 was ik in Amsterdam afgelopen week. We waren in het ________ 3. Ik heb de schilderijen van de oude ________ 4 gezien. Het ________ 5 „De Nachtwacht" van Rembrandt van Rijn was het grootste, het beste en het mooiste wat ik ooit heb gezien. We hebben een ________ 6 geboekt en veel ________ 7 gezien.

goed – beter – het best(e): Superlative

Das Beste, das Großartigste, das Wundervollste – wenn man ins Schwärmen kommt, benutzt man gerne Superlative. Bei den meisten Adjektiven hängst du **-st** an. Wörter, die auf **-st**, **-s**, **-sch**, **-sd**, **-ts** und **-en** enden, bilden ihren Superlativ immer mit **meest**.

Superlative auf -st	Superlative mit meest	Sonderformen
het oudste huis *das älteste Haus* **het hoogste gebouw** *das höchste Gebäude* **hij is het grootst** *er ist am größten* **deze is het duurst** *dieser ist am teuersten*	**het meest verse fruit** *das frischeste Obst* **het meest interessante** *das Interessanteste* **de meest trotse vader** *der stolzester Vater* **het meest gelezen** *das Meistgelesene*	**goed – beter – best** *gut – besser – am besten* **veel – meer – meest** *viel – mehr – am meisten* **weinig – minder – minst** *wenig – weniger – am wenigsten*

Bitte beachte: Die niederländische Superlativform kann im Deutschen auf zwei Arten übersetzt werden: *am nettesten* bzw. *der/die/das netteste*. Möchte man auf Niederländisch ausdrücken, dass jemand oder etwas am schönsten, größten, etc. ist, so benutzt man immer **het** + Superlativform des Adjektivs (ohne -e!)

4 **Een fijne stad, de fijnste stad!** Steigere die Adjektive.

1. het leuke café: ____________
2. de lange brug: ____________
3. de mooie kerk: ____________
4. het interessante museum: ____________

5 **Amsterdams superlatieven.** *Amsterdams Superlative*: Davon gibt es ziemlich viele. Hier ist eine kleine Auswahl davon. Kannst du sie zuordnen?

Wist je dat in Amsterdam ...

1. ... het smalste ________ staat?
2. ... de meeste ________ per dag gestolen worden?
3. ... de oudste ______ ter wereld is?
4. ... de meeste ______ ter wereld zijn?

A fietsen (ongeveer 77)
B drijvende bloemenmarkt (sinds 1862)
C coffeeshops (ongeveer 164)
D huis (ongeveer 2 meter breed)

REZEPT

Duivekater

TRADITIONELLES FESTTAGSBROT

Schmecken

In Amsterdam wurden im 16. und 17. Jahrhundert Weihnachten und Neujahr mit einem feinen und leicht gesüßten Gebäck gefeiert, das man **Duivekater** nannte. Dieses Backwerk stammte ursprünglich aus Amsterdam und der nördlich davon gelegenen **Zaanstreek**. **Duivekater** ist ein lang gestrecktes, ovales, süßes Festbrot, das man mit einer schönen Schicht Butter heutzutage nicht nur an Weihnachten oder Neujahr essen kann, sondern auch als Snack für zwischendurch.

Zutaten:

500 g bloem - **100 g** suiker - **200 ml** melk - **75 g** boter - **2 tl** gist - **3/4 tl** zout - **1/4 tl** nootmuskaat - **1/2 tl gemalen kardemom** - **geraspte schil** van een halve citroen - **1** eigeel

1. Meng de bloem, de gist en melk en laat ongeveer 20 minuten **rusten** op **kamertemperatuur**. Voeg het zout, de suiker en de citroenschillen toe en laat weer 15 minuten rijzen.
2. Vorm van het deeg een lange **ovaa**l op een **bebloemd werkblad.**
3. Bestrijk het deeg met het **eigeel, gemengd met** 1 eetlepel water en laat het deeg 45 minuten **rusten.**
4. Verwarm de oven voor op 200°C. Zet het brood erin en **verlaag** de oventemperatuur naar 180 °C. Bak het brood in circa 35 minuten goudbruin.

---

rusten *ruhen*
kampertemperatuur *Zimmertemperatur*
ovaal *oval*
het eigeel *Eigelb*
bebloemd *bemehlt*
het werkblad *Arbeitsplatte*
bestrijken *bestreichen*
het eigeel *Eigelb*
gemengd *gemischt*
verlagen *herunterschalten*

6 **Kan je het geloven?** *Kannst du das glauben?* Lies diese **weetjes** Fakten über Rembrandt van Rijn. Entscheide, ob wahr oder falsch.

	richtig	falsch
1. Rembrandt van Rijn werd in Amsterdam geboren.	○	○
2. De achternaam van Rijn heeft te maken met de rivier de Rijn.	○	○
3. Rembrandt heeft ongeveer twintig zelfportretten gemaakt.	○	○
4. Rembrandt had meerdere kinderen, de oudste was Titus.	○	○
5. De Nachtwacht is in vier stukken geknipt.	○	○

7 **De Gouden Eeuw** bezeichnet in der Geschichte der Niederlande eine rund einhundert Jahre andauernde wirtschaftliche und kulturelle Blütezeit, die ungefähr das 17. Jahrhundert ausfüllt. Ordne die Begriffe der richtigen Kategorie zu.

de kunst	**de wetenschap**	**de economie**

* Rembrandt
* Vermeer
* de grachten
* de microscoop
* de molen
* de handel
* de rijkdom

GRACHTENPANDEN

Die meisten der kleinen Häuser stammen noch aus alter Zeit, als die Besteuerung des Hauses nach der Breite an der Frontseite bemessen wurde. So entstanden höchst ungewöhnliche Gebäude mit einer extrem schmalen Giebelfassade, die sich bei den Häusern am Kanal zur Rückseite hin deutlich verbreiterten.

8

hören Tr. 71 sehen

In Amsterdam: Hör die Dialoge an und ordne sie den Orten auf den Bildern zu. Schreib dann den Namen der Sehenswürdigkeit auf die Zeile.

1. ______________________

2. ______________________

3. ______________________

4. ______________________

9

hören Tr. 72

Sorry, ... *Entschuldigung, ...* Wichtige Sätze, um in einer großen Stadt zurecht zu kommen. Hör sie an, sprich nach und übersetz sie.

1. Pardon, wanneer vertrekt de volgende trein naar Amsterdam?

   ____

2. Mag ik je wat vragen? Hoe kom ik naar het Anne Frank huis?

   ____

3. Kunt u me zeggen waar de volgende tramhalte is?

   ____

4. Rijdt er een metro naar het Rijksmuseum?

   ____

fühlen

Laten we een poster van Amsterdam maken! Warst du schon einmal in Amsterdam? Oder möchtest du einmal dorthin reisen? Lass uns ein Amsterdamposter machen.

Wat heb je nodig:

- **een groot dik vel papier of karton** *ein großer Bogen Papier oder Karton*
- **internet en een printer** *Internet und Drucker*
- **een schaar en lijm** *Schere und Kleber*
- **viltstiften en verf, ...** *Stifte, Farben ...*
- **een lekker drankje ...** *ein leckeres Getränk ...*

Laten we beginnen:

- Kies een lekker drankje, misschien een biertje en zet je computer aan.
- Kijk op het internet naar de bezienswaardigheden van Amsterdam.
- Knip, plak, verf en teken.
- Zet de namen van de bezienswaardigheden erbij en schrijf de interessante weetjes op.
- Hang je poster op een mooie plaats in huis.

Lösungen

1. 1. E, 2. D, 3. B, 4. C, 5. A
2. 1. F, 2. E, 3. D, 4. A, 5. B, 6. C
3. 1. werkstuk, 2. gouden eeuw, 3. Rijksmuseum, 4. meesters, 5. schilderij, 6. rondvaart, 7. bezienswaardigheden
4. 1. het leukste café, 2. de langste brug, 3. de mooiste kerk, 4. het meest interessante museum
5. 1. D, 2. A, 3. B, 4. C
6. 1. f, 2. r, 3. r, 4. r, 5. r
7. de kunst: Rembrandt, Vermeer; de wetenschap: de microscoop, de molen, de grachten; de economie: de handel, de rijkdom
8. 1. B A'DAM-Lookout, 2. A Amsterdam Foodhallen, 3. C het Anne Frank huis, 4. A het Rijksmuseum
9. 1. Entschuldigung, wann fährt der nächste Zug nach Amsterdam Centraal? 2. Darf ich dich etwas fragen? Wie komme ich zum Anne-Frank-Haus? 3. Können Sie mir sagen, wo die nächste Straßenbahnhaltestelle ist? 4. Gibt es eine U-Bahn zum Rijksmuseum?

Transkriptionen

TR. 68

• Het is fijn om in Amsterdam te zijn, toch?	*Es ist toll, in Amsterdam zu sein, nicht wahr?*
• Ja, er is zoveel te zien. Ik wil graag naar het Rijksmuseum.	*Ja, es gibt so viel zu sehen. Ich möchte gern zum Rijksmuseum.*
• Echt?	*Wirklich?*
• Ja, ik hou een spreekbeurt over de Gouden Eeuw en wil de schilderijen van de oude meesters bezichtigen.	*Ja, ich halte ein Referat über das goldene Zeitalter und ich möchte die Gemälde der alten Meister besichtigen.*
• Oké. Even kijken, hoe komen we daar?	*Okay. Mal schauen, wie kommen wir dorthin?*
• We kunnen vanaf het centraal station met tram 12 naar het Museumplein rijden en dan nog 5 minuten wandelen.	*Wir können ab Hauptbahnhof mit der Straßenbahn 12 zum Museumplein fahren und dann noch fünf Minuten spazieren.*
• ... of we kunnen met de boot over de grachten varen. Laten we een rondvaart boeken, dan komen we langs alle bezienswaardigheden van Amsterdam.	*... oder wir fahren mit dem Boot durch die Kanäle. Lass uns eine Rundfahrt buchen, dann kommen wir an allen Sehenswürdigkeiten von Amsterdam vorbei.*
• Ja, top. Laten we dat doen. Wat een leuk idee!	*Ja, super. Lasst uns das machen. Was für eine tolle Idee!*

TR. 71

• Pardon, waar kan ik een ticket kopen voor het Rijksmuseum?	*Entschuldigung, wo kann ich ein Ticket fürs Rijksmuseum kaufen?*
• U kunt het best een ticket online kopen.	*Sie kaufen am besten ein Ticket online.*
• Dank u wel!	*Dankeschön!*
• Hallo, waar heb ik het beste uitzicht over Amsterdam?	*Entschuldigung, wo habe ich die beste Aussicht über Amsterdam?*
• Je kunt een ticket kopen voor de A'DAM-Lookout. Dit is een hoge toren en hier is ook een hoge schommel.	*Du kannst ein Ticket für A'DAM-Lookout kaufen. Das ist ein hoher Turm und hier ist auch eine hohe Schaukel.*
• Ik wil graag iets eten. Waar zullen we heen gaan?	*Ich möchte gerne etwas essen. Wohin wollen wir gehen?*
• We kunnen naar de Amsterdam Foodhallen gaan. Daar heb je heel veel keuze.	*Wir können zur Amsterdam Foodhallen gehen. Dort gibt es eine große Auswahl.*
• Hoe kom ik naar het Anne Frank huis?	*Wie komme ich zum Anne-Frank-Haus?*
• Neem vanaf het centraal station tram 17. Die stopt voor het Anne Frank huis.	*Nimm ab Hauptbahnhof die Straßenbahnlinie 17. Diese hält direkt vor dem Anne-Frank-Haus.*

Lektionswortschatz

gracht, de	*Kanal*
gebouw, het	*Gebäude*
brug, de	*Brücke*
metro, de	*U-Bahn*
bus, de	*Bus*
trein, de	*Zug*
station, het	*Bahnhof, Halt*
boot, de	*Boot*
schip, het	*Schiff*
varen	*fahren auf Wasser*
tram, de	*Straßenbahn*
schilderen	*malen*
tentoonstellen	*ausstellen*
meester, de	*Meister*
bezienswaardigheid, de	*Sehenswürdigkeit*
rondvaart, de	*Rundfahrt*
fijn	*schön, angenehm*
zoveel	*soviel*
houden	*halten*
spreekbeurt, de	*Referat*
top	*super*
OV	*ÖPNV*
geluid, het	*Geräusch*
toewijzen	*zuweisen*
drukte, de	*Betrieb*
koffie verkeerd, de	*Kaffee mit warmer Milch*
vertrekken	*abfahren*
spoor, het	*Gleis*
Zaanstreek	*niederländische Region*
nootmuskaat, de	*Muskatnuss*
kardemom, de	*Kardamom*
geraspt	*geraspelt*
eigeel, het	*Eigelb*
rusten	*ruhen*
kamertemperatuur	*Zimmertemperatur*
ovaal	*oval*
bebloemd	*bemehlt*
werkblad, het	*Arbeitsblatt*
gemengd	*gemischt*
verlagen	*herunterschalten*
geloven	*glauben*
weetje, het	*Fakt*
achternaam, de	*Nachname*
rivier, de	*Fluss*
zelfportret, het	*Selbstportrait*
knippen	*schneiden (mit einer Schere)*
microscoop, de	*Mikroskop*
rijkdom, de	*Reichtum*
molen. de	*(Wind-)Mühle*
handel, de	*Handel*
pardon	*Entschuldigung*
keuze, de	*Auswahl*
wanneer	*wann*
Mag ik je wat vragen?	*Darf ich dich etwas fragen?*
tramhalte, de	*Straßenbahnhalte-stelle*
vel, het	*Blatt*

ETEN UIT DE MUUR

De snackcultuur in Nederland is groot. Een vaste patatdag per week met een lekkere frituursnack erbij is voor veel gezinnen normaal. Bij de snackmuur of snackautomaat kun je elk uur van de dag een vette hap krijgen. Muntje erin of pinpas ervoor en je kan uit een groot aanbod kiezen. Het assortiment bestaat veelal uit kroketten, frikandellen, nasiballen, bamihapjes en vele andere frituursnacks. Altijd handig na een avondje stappen! (Bij de routeplanner naar Febo zoeken.)

Die Snackkultur in den Niederlanden ist groß. Ein fester Pommes-Tag in der Woche mit einem leckeren frittierten Snack ist für viele Familien normal. An der Snackwand oder dem Snackautomaten kannst du sich zu jeder Tageszeit einen leckeren Snack holen. Münze rein oder EC-Karte davor, und du kannst aus einem breiten Angebot wählen. Das Sortiment besteht häufig aus Kroketten, Frikandellen, Nasi-Bällchen, Bami-Snacks und vielen anderen frittierten Snacks. Sehr praktisch nach einer langen Nacht! (Suche im Routenplaner nach Febo.)

Ons nieuwe stekje

UNSER NEUES ZUHAUSE

Je thuis voelen *sich zuhause fühlen*. Ein gutes Zuhause ist für jeden ein ganz persönliche Rückzugsort, Lebensmittelpunkt und Wohlfühlraum. Wo ist **jouw favoriete plaats** *dein Lieblingsort?* In der Küche, im Wohnzimmer auf dem Sofa – oder ganz gemütlich im Bett? In diesem Kapitel geht es ums Wohnen, Leben und Wohlfühlen. Mach es dir also schön gemütlich und starte mit den wichtigsten Wörtern.

hören
Tr. 73

de voordeur
Eingangstür

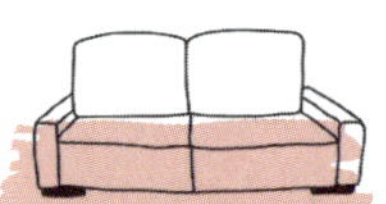

de woonkamer
Wohnzimmer

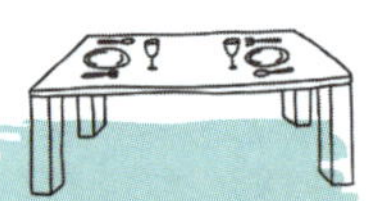

de eetkamer
Esszimmer

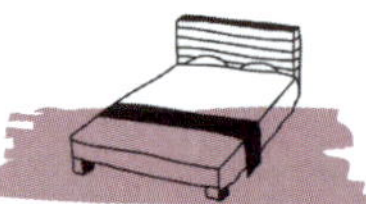

de slaapkamer
Schlafzimmer

de badkamer
Badezimmer

de trap
Treppe

het kussen
Kissen

het raam
Fenster

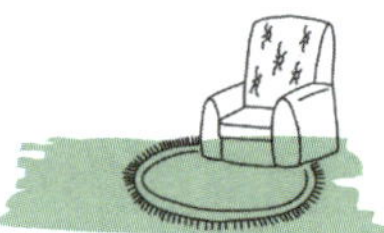

de vloer
Boden

het plafond
(Zimmer-) Decke

de muur
Wand, Mauer

het behang
Tapete

de meubels
Möbel

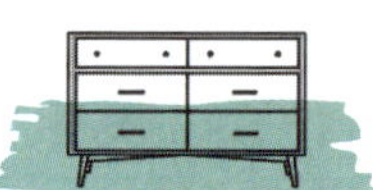

de kast
Schrank

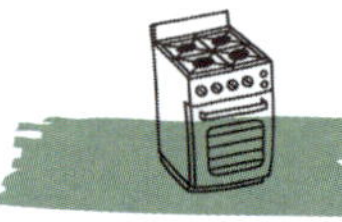

het fornuis
Herd

de kraan
Wasserhahn

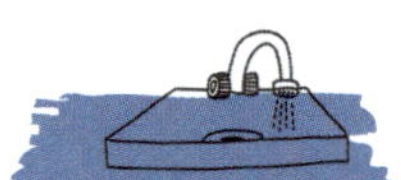

de gootsteen
Spüle

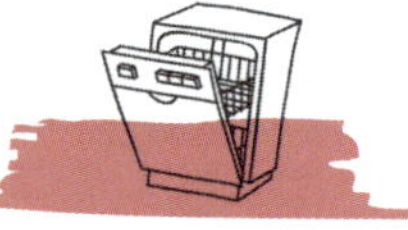

de afwasmachine
Geschirrspüler

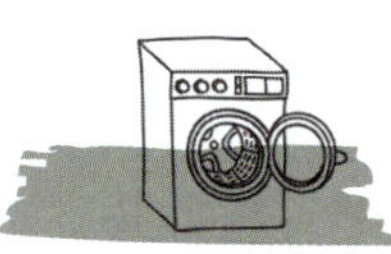

de wasmachine
Waschmaschine

de koelkast
Kühlschrank

Tr. 74

- Dus dit is je nieuwe tiny house, Tom?
- ◎ Ja, Roy en ik zijn net verhuisd. Kom binnen, ik laat het jullie zien.
- Wow, het is echt klein – maar wel comfortabel en lekker knus.
- ◎ Hier is de woonkamer, maar ook de eetkamer en de keuken.
- En de slaapkamer?
- ◎ Gewoon de trap op, Paula.
- Oh, wat mooi en zo licht. Drie grote ramen en een mooi groot bed, het ziet er erg gezellig uit.
- ◎ Heb je mijn nieuwe kussens gezien?
- Oh, die zijn prachtig. Mooie kleuren. Maar wat hebben jullie met alle meubels gedaan?
- ◎ Het meeste hebben we verkocht. We hebben hier niet meer zoveel nodig.
- En wat doen jullie met al jullie spullen?
- ◎ We hebben veel kasten, maar het meeste hebben we verkocht op Marktplaats.
- Dat klinkt goed. Ik heb zelf veel te veel dingen. Ik heb net een nieuwe kledingkast gekocht.

1 Hier sind ein paar Sätze aus dem Dialog. Ordne sie den Übersetzungen zu.

1. We zijn net verhuisd.	**A** Ich habe gerade einen neuen Kleiderschrank gekauft.
2. Het ziet er gezellig uit.	**B** Es sieht gemütlich aus.
3. We hebben het meeste verkocht.	**C** Wir haben das meiste verkauft.
4. We hebben niet zoveel nodig.	**D** Wir sind gerade umgezogen.
5. Ik heb net een nieuwe kledingkast gekocht.	**E** Wir brauchen nicht so viel.

2 Schließ die Augen und träum ein bisschen. Wie riecht dein **droomhuis**, *dein Traumzuhause*? Vielleicht nach den Rosen in deinem schönen, großen Garten? Dann nimm die Duftkarte des Buches zur Hand. **Verse koffie in een schone keuken? Je favoriete parfum in de badkamer?** Zeichne einen Grundriss, beschrifte ihn auf Niederländisch und markiere alle Plätze, an denen es besonders gut riecht.

3

sehen

In diesem Wortgitter sind Teile eines Hauses versteckt, senkrecht, waagerecht, diagonal und manchmal sogar rückwärts. Finde sie und schreib sie zur richtigen Übersetzung.

P	J	D	F	M	U	U	R
L	N	E	N	W	O	L	A
A	W	U	A	M	O	R	A
F	O	R	L	S	L	A	M
O	L	O	Z	I	F	D	O
N	W	Y	R	O	E	H	W
D	T	R	A	P	S	C	N
Y	C	J	V	L	O	E	R

Decke: ______

Boden: ______

Treppe: ______

Tür: ______

Fenster: ______

Wand: ______

4

hören

Tr. 75

In de keuken. *In der Küche.* Hör den Text und bring dann die Dinge, die du hörst, in die richtige Reihenfolge.

A

B

C

D

E

F

1. ___ 2. ___ 3. ___ 4. ___ 5. ___ 6. ___

SPREEKWOORD – REDEWENDUNG

Zoals het klokje thuis tikt, tikt het nergens.
So wie die Uhr zu Hause tickt, tickt sie nirgendwo sonst.

THUIS ODER HUIS?

Ik ben thuis: *Ich bin zu Hause*

Ik ga naar huis: *Ich gehe nach Hause*

Das Perfekt (unregelmäßig)

Du weißt schon, dass das Perfekt im Niederländischen mit einer Präsensform der Hilfsverben **zijn** *sein* oder **hebben** *haben* und dem Partizip Perfekt des Verbs gebildet wird (siehe S.101). Bei den schwachen Verben bildet man das Partizip Perfekt, indem man vor den Verbstamm die Silbe **ge-** setzt und hinter den Verbstamm entweder ein **-t** oder ein **-d** hängt. Auch im Niederländischen gibt es sogenannte starke Verben, die nicht wie regelmäßige konjugiert werden. Sie müssen auswendig gelernt werden. Dabei hilfreich ist das Erkennen von Beugungsmustern. Diese Muster werden in der Liste der starken Verben auf **www.pons.de/mitallensinnen** aufgeführt. Hier ein paar Beispiele:

Muster	**Infinitiv**	**Partizip**	**ebenso**
Gruppe 1: **ij** ➡ **e**	k**ij**ken	gek**e**ken	begrijpen, rijden, schrijven
Gruppe 2: **ie** ➡ **o**	k**ie**zen	gek**o**zen	aanbieden, vliegen, genieten
Gruppe 3: **ui** ➡ **o**	r**ui**ken	ger**o**ken	besluiten, sluiten, gebruiken
Gruppe 4: kurzes **i** ➡ kurzes **o**	v**i**nden	gev**o**nden	beginnen, drinken, zingen
Gruppe 5: kurzes **e** ➡ kurzes **o**	zw**e**mmen	gezw**o**mmen	trekken, zenden, vertrekken

Hier noch ein paar häufig gebrauchte unregelmäßige Verben:

Verb	**Partizip**
lopen	gelopen
gaan	gegaan
kopen	gekocht
denken	gedacht

5 **Wat heb je gedaan?** Hier geht es um Handlungen mit Konsequenzen für die Gegenwart. Ordne passende Antworten zu. Achte auf die Partizipformen.

1. Waar is je kast?
2. Is er nog melk voor in de koffie?
3. Hoe weet je dat?
4. Welk boek is dat?
5. Waarom heb je een kater?

A Zeker, ik heb net een nieuwe gekocht.
B Ik heb hem verkocht op Marktplaats.
C Dat heeft Saskia Noort geschreven.
D Ik heb gisteren een biertje te veel gedronken.
E Daarover hebben we net gesproken.

Brabantse saucijzenbroodjes

BRABANTSE WÜRSTCHEN IN BLÄTTERTEIG

SCHMECKEN

Saucijzenbroodjes aus **Brabant** sind ein echter Klassiker und bei jedem gut sortierten Bäcker erhältlich. Die leckeren Blätterteig-„**broodjes**" sind mit Hackfleisch gefüllt und damit ein wunderbarer, herzhafter Snack. Prima zum Mitnehmen und Mitbringen, sei es als Energiespritze am Umzugstag oder fürs Buffet auf der Einweihungsparty. Serviere den **partysnack** mit **ketchup** oder **mosterd** *Senf*.

Zutaten:

300 g gehakt half om half – **1** ei – **1 el** gehaktkruiden – **2 tenen** knoflook – **8 plakjes** bladerdeeg – **2 el** paneermeel

1. Verwarm de oven op 200 graden. Meng **het gehakt** met de helft van het ei, **gehaktkruiden**, knoflook en **paneermeel**.
2. Laat de vellen bladerdeeg iets **ontdooien**.
3. Verdeel het gehakt in ongeveer 8 **gelijke** delen en vorm van elk deel een soort **platte worst**. Leg deze op een helft van een vel bladerdeeg. **Vouw** de andere helft eroverheen en **druk** goed **vast**.
4. Bestrijk ze met het **overgebleven** ei en leg ze op een bakplaat met **bakpapier**. Bak ze 25 tot 30 minuten in de oven tot ze mooi bruin en krokant zijn.

---

het gehakt *Hackfleisch*
half om half *gemischtes Hackfleisch*
de gehaktkruiden *Hackfleischgewürz*
paneermeel *Paniermehl*
ontdooien *auftauen*
gelijke *gleiche*
de platte worst *flache Wurst*
vouwen *falten*
vastdrukken *festdrücken*
overgebleven *übrig*
het bakpapier *Backpapier*

6 Die ersten Gäste kommen, um sich das neue Zuhause anzusehen. Setz die fehlenden Wörter im Perfekt in die Lücken ein.

* besloten	* gekocht	* geschreven	* genoten

1. Vind je ze mooi? Ik heb net twee nieuwe kussens ______________ .
2. Ik weet nog niet of ik de muur verf. Ik heb het nog niet ______________ .
3. Els heeft erg van de bloemen ______________ .
4. Wat een top boek! Het is echt goed ______________ .

7 **Nu jij!** Jetzt du! Lies, was Els gestern **gedaan heeft** *gemacht hat*. Setz die fehlenden Wörter im Perfekt in die Lücken ein.

1. Ik ben gisteren naar de winkel ______________ (gaan).
2. Daarna heb ik brood bij de bakker ______________ (kopen).
3. Gelukkig heb ik nog aan de taart ______________ (denken).
4. Om twaalf uur ben ik nog snel naar de markt ______________ (lopen).
5. Om twee uur ben ik weer naar huis ______________ (gaan).
6. Roy heeft saucijzenbroodjes voor ons ______________ (maken).
7. Op de housewarming party hebben we veel ______________ (dansen).
8. De gasten hebben iets leuks in het gastenboek ______________ (schrijven).
9. Na het feest heb ik nog een half uur televisie ______________ (kijken).
10. In mijn bed heb ik nog in mijn dagboek ______________ (schrijven).

FALSCHE FREUNDE RUND UMS HAUS:

Wer als Niederländer etwas auf **de vloer** verloren hat, wird nicht in den Hausflur rennen, sondern zielgerichtet den Fußboden absuchen. Ein Blick aus dem Fenster ist bei unseren Nachbarn **een kijkje uit het raam**. Das verwandte Wort Rahmen bezeichnet den Fensterrahmen. Kochen tut man in Deutschland am Herd, in den Niederlanden am **fornuis**. Das niederländische **haard** bezeichnet wiederum einen Kamin und wird meist in der Zusammenstellung **open haard** verwendet.

8 hören Tr. 76

Die **housewarming party** *Einweihungsparty* kommt näher. Tom und Roy gehen gemeinsam durch, was schon erledigt und was noch zu tun ist. Schau dir die Liste an und starte dann den Dialog. Setze die Verben ins Perfekt. Übernimm Toms Rolle und antworte auf Roys Fragen mit „**Ja heb ik**" *Ja, habe ich* oder „**Nee, nog niet.**", *Nein, noch nicht.*

* Ja, heb ik.
* Nee, nog niet.

9 hören Tr. 77

Waar is het? *Wo ist es?* Karen ist vergesslich. Immer sucht sie irgendetwas. Zum Glück weiß ihr Mann Adriaan meistens, wo sie ihre Sachen gelassen hat. Hör gut hin und ordne zu.

1. schoenen	**A** in haar handtas
2. bril	**B** onder het kussen
3. mobiel	**C** naast de voordeur
4. sleutels	**D** op de trap
5. handtas	**E** op de kast

10 Een bullet journal

fühlen

Hast du schon einmal ein **bullet journal** ausprobiert? Das **bullet journal** gibt dir die Möglichkeit, To Do-Listen, Ideen, persönliche Erfolge und vieles mehr zwischen zwei Buchdeckel zu packen – was hineinkommt, entscheidest allein du!

Wat heb je nodig:

- **je favoriete pennen** *deine Lieblingsstifte*
- **een notitieblok** *ein Notizbuch*

We starten met:

- **Bepaal je thema's: to do-lijst / ideetjes / boodschappenlijst /...**
- **Nummer de pagina's.** *Nummeriere die Seiten.*
- **Maak een inhoudsopgave** *Inhaltsverzeichnis.*

Ideetjes:

- **Maak een tabel voor dagelijkse / wekelijkse / maandelijkse taken, dan kan je deze makkelijk afvinken.** *Mach eine Tabelle für tägliche / wöchentliche / monatliche Aufgaben. So kannst du sie einfach abhaken.*
- **Neem ook een dankbaarheidsdagboek op.** *Nimm ein Dankbarkeits-Tagebuch mit auf.* **Schrijf dingen als: „Vandaag heb ik samen met mijn beste vriend gekookt. Dat was lekker en gezellig."**
- **Reserveer een paar lege pagina's voor nieuwe Nederlandse woordjes.** *Reserviere ein paar Seiten für neue niederländische Wörter.*

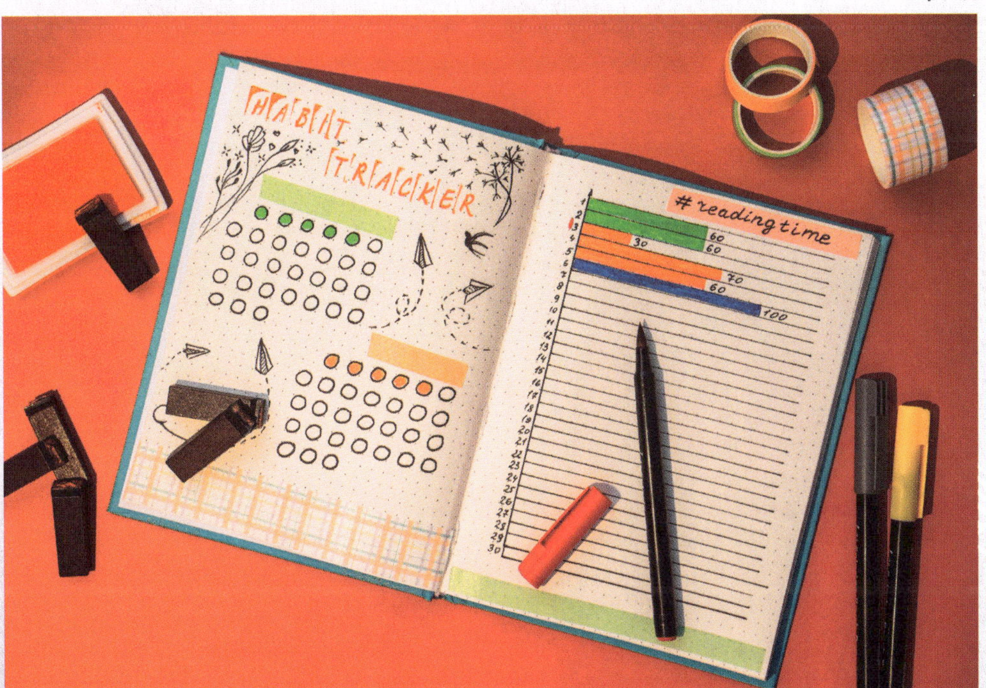

Lösungen

1. 1. D, 2. B, 3. C, 4. E, 5. A
3. ↖ plafond, ↑ vloer, → trap, ↘ deur, ↓ raam, ↙ muur
4. 1. F, 2. D, 3. B, 4. E, 5. A, 6. C
5. 1. B, 2. A, 3. E, 4. C, 5. D
6. 1. gekocht, 2. besloten, 3. genoten, 4. geschreven
7. 1. gedaan, 2. gekocht, 3. gedacht, 4. gelopen, 5. gegaan, 6. gemaakt, 7. gedanst, 8. geschreven, 9. gekeken, 10. geschreven
9. 1. D, 2. E, 3. B, 4. A, 5. C

Transkriptionen

TR. 74

• Dus dit is je nieuwe tiny huis, Tom?	*Das ist also euer neues Tiny House, Tom?*
• Ja. Roy en ik zijn net verhuisd. Kom binnen, ik laat het jullie zien.	*Ja, Roy und ich sind gerade eingezogen. Komm herein, ich zeig euch alles.*
• Wow, het is echt klein - maar wel comfortabel en lekker knus.	*Wow, es ist wirklich klein – aber schon gemütlich und behaglich.*
• Hier is de woonkamer, maar ook de eetkamer en de keuken.	*Hier ist das Wohnzimmer, aber auch das Esszimmer und die Küche.*
• En de slaapkamer?	*Und das Schlafzimmer?*
• Gewoon de trap op, Paula.	*Geh einfach die Treppe rauf, Paula.*
• Oh, wat mooi en zo licht. Drie grote ramen en een mooi groot bed, het ziet er erg gezellig uit.	*Oh, das ist schön und so hell. Drei große Fenster und ein sehr großes Bett, es sieht sehr gemütlich aus.*
• Heb je mijn nieuwe kussens gezien?	*Hast du meine neuen Kissen gesehen?*
• Oh, die zijn prachtig. Mooie kleuren. Maar wat hebben jullie met alle meubels gedaan?	*Oh, sie sind toll. Schöne Farben. Aber was habt ihr mit allen Möbel gemacht?*
• Het meeste hebben we verkocht. We hebben hier niet meer zoveel nodig.	*Wir haben das meiste verkauft. Wir brauchen hier nicht viel.*
• En wat doen jullie met al jullie spullen?	*Und wo räumt ihr eure ganzen Sachen hin?*
• We hebben veel kasten, maar het meeste hebben we verkocht op Marktplaats.	*Wir haben eine Menge Schränke, aber das meiste haben wir im Internet verkauft.*
• Dat klinkt goed. Ik heb zelf veel te veel dingen. Ik heb net een nieuwe kledingkast gekocht.	*Klingt gut. Ich habe zu viele Dinge. Ich habe gerade einen neuen Kleiderschrank gekauft.*

TR. 75

Ik heb dorst, dus ga ik naar de keuken.	*Ich bin durstig, also gehe ich in die Küche.*
Ik open de kast en neem een glas.	*Ich öffne den Schrank und nehme ein Glas.*
Ik ga naar de gootsteen en draai de kraan open.	*Ich gehe zur Spüle und drehe den Hahn auf.*
Ik vul het glas met koud water.	*Ich fülle das Glas mit frischem Wasser.*
Dan ga ik naar de koelkast en open de deur.	*Dann gehe ich zum Kühlschrank und öffne ihn.*
Er is ijs en er zijn citroenen in de koelkast. Ik doe hiervan iets in het water. Heerlijk verfrissend!	*Im Kühlschrank sind Eis und Zitronen. Ich gebe etwas in mein Wasser. Ah, erfrischend!*

TR. 76

• Nou, we hebben de gasten uitgenodigd. Ik heb drankjes gekocht. Heb je ons taartrecept gevonden?	*Nun, wir haben die Gäste eingeladen. Ich habe Getränke gekauft. Hast du unser Kuchenrezept gefunden?*
• We moeten het vinden. Heb je het eten besteld?	*Wir müssen es finden. Hast du das Essen bestellt?*
• Super. Heb je de playlist gemaakt?	*Super. Hast du die Playlist gemacht?*
• Geeft niet, ik kan dat doen. Heb je de decoratie?	*Macht nichts, ich kann das machen. Hast du die Dekoration?*
• Uitstekend. We zullen een leuk feest hebben.	*Hervorragend. Wir werden eine tolle Party haben.*

TR. 77

• Adriaan, waar zijn mijn schoenen? Heb jij ze vestopt?	*Adriaan, wo sind meine Schuhe? Hast du sie versteckt?*
• Nee, schat ze staan op de trap.	*Nein, Schatz, sie sind auf der Treppe.*
• En mijn bril?	*Und meine Brille?*
• Heb ik niet gezien. Kijk eens op de kast.	*Habe ich nicht gesehen. Versuchs auf dem Schrank.*
• Dank je. Ik kan mijn mobiel ook niet vinden. Waar heb ik die neergelegd?	*Danke. Ich kann mein Handy auch nicht finden. Wo habe ich das hingelegt?*
• Je hebt hem net nog op de bank gebruikt.	*Du hast es gerade auf dem Sofa benutzt.*
• Precies, hij ligt onder het kussen. En mijn sleutels?	*Genau, es ist unter dem Kissen. Und meine Schlüssel?*
• Die zijn altijd in je handtas.	*Die sind immer in deiner Handtasche.*
• Ja, maar waar is mijn handtas?	*Ja, aber wo ist meine Handtasche?*
• Ik heb hem naast de voordeur gezien.	*Ich habe sie neben der Tür gesehen.*

Lektionswortschatz

voordeur, de	*Eingangstür*
woonkamer, de	*Wohnzimmer*
eetkamer, de	*Esszimmer*
slaapkamer, de	*Schlafzimmer*
badkamer, de	*Badezimmer*
plafond, het	*Decke*
kussen, het	*Kissen*
vloer, de	*Boden*
trap, de	*Treppe*
muur, de	*Mauer, Wand*
behang, het	*Tapete*
meubels, de	*Möbel*
fornuis, het	*Herd*
kraan, de	*Wasserhahn*
gootsteen, de	*Spüle*
afwasmachine, de	*Geschirrspüler*
wasmachine, de	*Waschmaschine*
koelkast, de	*Kühlschrank*
verhuizen	*umziehen*
knus	*gemütlich, behaglich*
gewoon	*einfach*
verkocht (verkopen)	*verkauft*
spullen, de	*Sachen*
Marktplaats	*hier: nl. Verkaufsplattform*
dingen, de	*Sachen*
net	*gerade, soeben*
kledingkast, de	*Kleiderschrank*
droomhuis, het	*Traumzuhause*
spreekwoord, het	*Redewendung*
kater, de	*Kater*
saucijzenbroodje, het	*mit Hackfleisch gefüllter Blätterteig*
Brabant	*niederländische Region*
ketchup, de	*Ketchup*
gehakt half om half	*gemischtes Hackfleisch*
gehaktkruiden, de	*Hackfleischgewürz*
paneermeel, het	*Paniermehl*
ontdooien	*auftauen*
gelijk	*gleich*
worst, de	*Wurst*
plat(te)	*flach*
vouwen	*falten*
vastdrukken	*festdrücken*
overgebleven	*verbleibend*
bakpapier, het	*Backpapier*
genoten	*genossen*
besloten	*beschlossen*
geschreven	*geschrieben*
gastenboek, het	*Gästebuch*
decoratie, de	*Dekoration*
mobiel, de	*Handy*
sleutels, de	*Schlüssel*
bepalen	*festlegen*
thema, het	*Thema*
nummeren	*nummerieren*
inhoudsopgave, de	*Inhaltsverzeichnis*
afvinken	*abhaken*
dagelijks	*täglich*
wekelijks	*wöchentlich*
maandelijks	*monatlich*
taak, de	*Aufgabe*
dankbaarheid, de	*Dankbarkeit*
leeg, lege	*leer*
uitstekend	*hervorragend*
verstoppen	*verstecken*
neerleggen	*hinlegen*
bank, de	*Sofa*

De gekste dingen

DIE VERRÜCKTESTEN DINGE

sehen

Heb je ooit met een polsstok een grote afstand over een sloot proberen te overbruggen? *Hast du schon mal versucht mit einen Sprungstab eine große Distanz über einen Graben zu überbrücken?* Im niederländischen Friesland findet das jährliche **Fierljeppen** *Weitspringen* seit über 300 Jahren statt. Anlauf nehmen, den Sprungstab hochklettern und den Graben überqueren ist nichts für schwache Nerven. Dieser Sport wird immer populärer und die Sportler springen sogar 20 Meter weit!

hören
Tr. 78

de polsstok
Sprungstab

de wedstrijd
Wettkampf

de prijs
Preis, Gewinn

de winnaar
Gewinner/-in

de deelnemer
Teilnehmer/-in

de beker
Pokal, Trophäe

de sloot
Graben

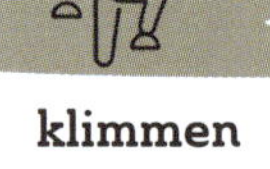

klimmen
klettern

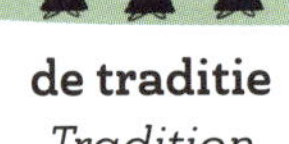

de traditie
Tradition

de beveiligers
Sicherheitsleute

sprinten
sprinten

de politie
Polizei

zich inspannen
sich anstrengen

gevaarlijk
gefährlich

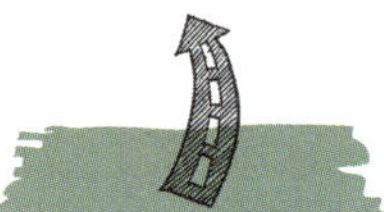

ver
weit

het ongeluk
Unfall

de ziekenwagen
Rettungswagen

de hulpverlener
Sanitäter/-in

de blessure
Verletzung

de breuk
Bruch

Tr. 79

- Heb je ooit van Fierljeppen gehoord?
- ◎ Nee, wat is dat?
- Je springt met een polsstok zo ver mogelijk over een sloot.
- ◎ Waarom? Is er geen brug?
- Ja, natuurlijk wel. Maar het is een traditionele sport in Friesland.
- ◎ Hoe werkt het?
- Je sprint naar het water toe met de polsstok, eenmaal in het water klim je de stok omhoog en spring je naar de andere kant van de sloot.
- ◎ Oei, dat klinkt best gevaarlijk. Zijn er al veel ongelukken gebeurd?
- Er zijn soms wel blessures, maar de meesten vallen gelukkig in het water.
- ◎ Waarom doen mensen zoiets?
- Ik heb geen idee, maar het is een populaire sport. Het record is 21 meter.
- ◎ Dat is ver! Wat kan je winnen?
- Het gaat niet om de prijzen, maar vooral om de records.
- ◎ Gekke mensen, die Nederlanders!

1 Ordne die Ausdrücke aus dem Text ihren Übersetzungen zu.

1. Heb je ooit ...?	•	**A** Du sprintest ... und kletterst ...
2. Je sprint... en je klimt...	•	**B** Das ist weit!
3. gelukkig	•	**C** Manchmal gibt es Verletzungen.
4. Dat is ver!	•	**D** Hast du jemals ...?
5. Er zijn soms blessures.	•	**E** glücklicherweise

2 **Heb je ooit ...?** *Hast du jemals ...?* **Nooit** *nie*, **een keer** *einmal* oder **vaker** *mehr als einmal*. Lies die Fragen und kreuz die für dich passenden Antworten an.

fühlen

	nooit	een keer	vaker
1. Heb je ooit een beker gewonnen?	○	○	○
2. Heb je ooit deelgenomen aan een traditie?	○	○	○
3. Heb je ooit een wedstrijd gelopen?	○	○	○
4. Heb je ooit een ongeluk gehad?	○	○	○
5. Heb je ooit een breuk gehad?	○	○	○

riechen

Na alle beweging, tijd voor wat lekkers! Hou je van de geur van kaas? *Nach der vielen Bewegung ist Zeit für etwas Leckeres! Riechst du gerne Käse?* Sieh dir die Bilder und Beschreibungen an und kreuze an, an welchem du gerne schnuppern würdest. Genug Käse? Nimm deine Duftkarte, um deine Nase frei zu riechen.

1. geitenkaas **2.** sterke blauwe kaas **3.** Goudse kaas

4. komijnekaas **5.** oude Amsterdammer **6.** Hervekaas

hören

Tr. 80

Hans ist beim **Fierljeppen**, Lies ist krank und musste leider zuhause bleiben. Hör dem Telefongespräch zu und kreuz die richtigen Aussagen an.

1. De eerste wedstrijd ...
- ○ **A** is nog niet gestart.
- ○ **B** is net begonnen.
- ○ **C** is al beëindigd.

2. De winnaar van afgelopen jaar ...
- ○ **A** heeft alweer gewonnen.
- ○ **B** heeft een ongeluk gehad.
- ○ **C** heeft een been gebroken.

3. De polsstok ...
- ○ **A** is kort.
- ○ **B** is nat door de regen.
- ○ **C** is gebroken.

4. Hans heeft ... nog niet gezien.
- ○ **A** de polsstok.
- ○ **B** de ziekenwagen.
- ○ **C** de eerste wedstrijd.

sehen

Help! *Hilfe!* Wer sorgt für Sicherheit bei einer großen Veranstaltung? Such passende Wörter in der Wörterschlange.

AHULPVERLENERZIEKENWAGENTPOLITIENHGBEVEILIGERLKZ

1. ______________________ **2.** ______________________

3. ______________________ **4.** ______________________

Reflexivpronomen

Reflexivpronomen kommen vor bei Verben, die mit dem Wort **zich** *sich* kombiniert werden, wie beispielsweise **zich schamen** *sich schämen*.

Personalpronomen	Reflexivpronomen	
ik	**me**	*mich, mir*
jij/je	**je**	*dich, dir*
u	**zich**	*sich*
hij	**zich**	*sich*
zij/ze	**zich**	*sich*
het	**zich**	*sich*
wij/we	**ons**	*uns*
jullie	**je**	*euch*
zij/ze	**zich**	*sich*

- Im Niederländischen gibt es weniger reflexive Verben als im Deutschen.

Setz hier die passenden **wederkerende voornaamwoorden** *Reflexivpronomen* ein.

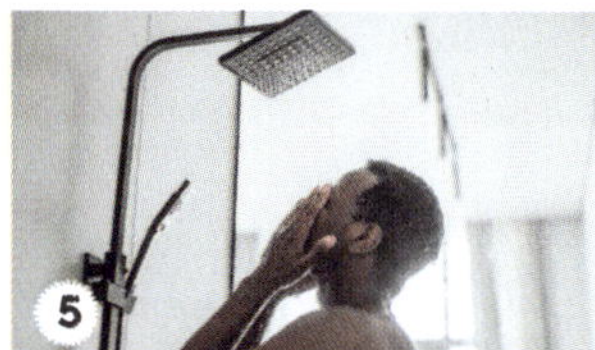

1. Hij wast ______________ elke dag voordat hij ontbijt.
2. Jullie moeten ______________ inspannen voor de wedstrijd!
3. Ik kleed ______________ om voor de wedstrijd.
4. Als je op tijd wilt komen, moet je ______________ haasten.
5. Na de wedstrijd is hij erg vies en moet hij ______________ eerst even douchen.
6. We moeten ______________ niet schamen, omdat we de wedstrijd verloren hebben.

Kaasplankje met kaasstengels

KÄSEPLATTE MIT KÄSESTANGEN

schmecken

Kaasstengels *Käsestangen* sind selbsgemacht am leckersten. Perfekt zu einer schönen **kaasplankje** *Käseplatte* oder als Snack für zwischendurch. Der bekannteste holländische Käse ist **Goudse kaas**, den es in kräftigeren oder milderen Varianten gibt – aber damit fängt die Vielfalt gerade erst an: würziger **Old Amsterdam**, **komijnekaas** oder ein **geitenkaasje** und dazu etwas **appelstroop** *Apfelsirup*. Es gibt viel zu probieren!

Zutaten:

4 plakjes vers bladerdeeg - **100 g** belegen kaas - **snufje** zout en peper - **1** ei - **1 el** melk

1. Verwarm de oven voor op 225°C.
2. Meng het ei met de melk en **kluts** het.
3. Snijd de plakjes bladerdeeg in 4 repen en besmeer met het ei.
4. Prik met een **vork** gaatjes in de repen.
5. *Rasp* **de belegen kaas** en strooi over de reepjes.
6. Leg de repen op de bakplaat en strooi een snufje zout en peper erover.
7. Bak de repen 14 minuten op 225°C.
8. Even laten afkoelen en **smullen** maar!

belegen kaas *mittelalter Käse*
klutsen *verquirlen*
de vork *Gabel*
smullen *schlemmen*

Appelstroop *Apfelsirup wird gerne zum Käse gereicht oder klassisch auf Weißbrot gestrichen. Er glänzt zudem mit einer extra Portion Eisen.*

Relativpronomen

Relativpronomen ersetzen ein bereits genanntes Nomen. Der folgende Nebensatz gibt zusätzlich Informationen zum Nomen.

De vrouw die je op de foto ziet...
Die Frau, die du auf dem Foto siehst ...

het-Wörter ➡ **dat**

de-Wörter ➡ **die**

Het meisje dat gewonnen heeft...
Das Mädchen, das gewonnen hat ...

De kinderen die kaas gegeten hebben...
Die Kinder, die Käse gegessen haben ...

Anders als im Deutschen steht kein Komma, wenn der Relativsatz keine weiteren Informationen über das Bezugswort enthält.

Relativpronomen mit Präposition

Relativpronomen können auch in Kombination mit einer Präposition benutzt werden.

Bei Sachen: **waar** + Präposition (zusammengeschrieben)
Bei Personen: Präposition + **wie** (getrennt geschrieben)

De schaatswedstrijd, waarvoor ze veel reclame gemaakt hebben.
Der Eislaufwettbewerb, für den (wörtl. wofür) sie viel Werbung gemacht haben ...

Bedoel je die vrouw, met wie hij gegeten heeft?
*Meinst du die Frau, **mit** der er gegessen hat?*

! **Vorsicht:** Das Wort **met** wird **mee** und das Wort **tot** wird **toe**
De auto waarmee je gekomen bent...
Das Auto, mit dem (wörtl. womit) du gekommen bist ...

7 Setz hier das richtige Relativpronomen ein.

1. Jaco de Groot is de enige man ____________ over 21 meter ver gesprongen is bij het fierljeppen.
2. Sifan Hassan, de snelste vrouw op de marathon, is de vrouw ____________ de olympische medaille gewonnen heeft.
3. Het meisje ____________ gewonnen heeft, krijgt een medaille.
4. Het kaasplankje ____________ je gemaakt hebt, ziet er heerlijk uit!
5. De voetbalwedstrijd ____________ afgezegd is, wordt morgen gespeeld.

8 Ergänze das richtige Relativpronomen mit Präposition. Die Präposition steht **tussen haakjes** *in Klammern*.

1. Hij is de man ______________ je gaat winnen. (met)
2. De ziekenwagen ______________ de hulpverlener is gereden, staat daar. (in)
3. Dat is de polsstok ______________ hij over 21 meter ver gesprongen is. (met)
4. De vrouw ______________ hij getrouwd is, heeft de wedstrijd gewonnen! (met)
5. De brug ______________ hij gereden is, heet de Zeelandbrug! (over)
6. Ik koop de appelstroop ______________ deze kaas past. (bij)

9 hören Tr. 81

In den Niederlanden gibt es auch noch andere **gekke** *komische* Traditionen. Hör dir nun die Beschreibungen von vier solchen Traditionen an und ordne sie den Bildern zu.

A ___

B ___

C ___

D ___

DOE MAAR GEWOON, DAN DOE JE AL GEK GENOEG

Ein bekanntes niederländisches Sprichwort: Verhalte dich einfach ganz normal, dann bist du schon verrückt genug.

fühlen

Die Niederlande gehören mit einer Produktion von 800 Millionen Kilo Käse pro Jahr zu den größten Käseherstellern in Europa. **Ben je ook een kaasliefhebber?** *Bist du auch ein Käseliebhaber?* **Dan is dit kaasplankje een leuk idee om nog meer van de kaas te genieten. Het oog eet mee!** *Dann ist diese Käseplatte eine schöne Art den Käse noch mehr zu genießen. Das Auge isst mit!*

Wat heb je nodig:

- **een porseleinen kaasplankje** *eine Platte oder Schale aus Porzellan*
- **porseleinstiften** *Porzellanstifte*

Wat moet je doen:

- **Schrijf grappige spreuken of teken iets leuks op het plankje met de porselein-stiften** *Schreib einen lustigen Spruch oder mal mit den Porzellanstiften etwas Schönes auf die Platte.*
- **Plankje laten drogen voor 15 min.** *Lass die Platte für 15 Min. trocknen.*
- **In de oven bij 160°C voor 25 min. bakken.** *25 Min. auf 160 Grad im Ofen erhitzen.*
- **Lekkere kaas kopen en genieten maar!** *Kauf dir leckeren Käse und genieße!*

Lösungen

1. 1. D, 2. A, 3. E, 4. B, 5. C
4. 1. C, 2. A, 3. B, 4. B
5. 1. hulpverlener, 2. ziekenwagen, 3. politie, 4. beveiliger
6. 1. zich, 2. je, 3. me, 4. je, 5. zich, 6. ons
7. 1. die, 2. die, 3. dat, 4. dat, 5. die
8. 1. met wie, 2. waarin, 3. waarmee, 4. met wie, 5. waarover, 6. waarbij
9. 1. B, 2. C, 3. D, 4. A
10. A 2, B 1, C 4, D 3

Transkriptionen

TR. 79

- Heb je ooit van Fierljeppen gehoord? — *Hast du je von Fierljeppen gehört?*
- Nee, wat is dat? — *Nein, was ist das?*
- Je springt met een polsstok zo ver mogelijk over een sloot. — *Man springt mit einem Sprungstab möglichst weit über einen Graben.*
- Waarom? Is er geen brug? — *Wieso? Gibt es keine Brücke?*
- Ja, natuurlijk wel. Maar het is een traditionele sport in Friesland. — *Doch, natürlich. Aber es ist eine traditionelle Sportart in Friesland.*
- Hoe werkt het? — *Wie funktioniert es?*
- Je sprint naar het water toe met de polsstok, eenmaal in het water klim je de stok omhoog en spring je naar de andere kant van de sloot. — *Du sprintest mit dem Sprungstab zum Wasser, im Wasser angekommen kletterst du hoch und springst zur anderen Seite des Grabens.*
- Oei, dat klinkt best gevaarlijk. Zijn er al veel ongelukken gebeurd? — *Ui, das klingt gefährlich. Gab es schon viele Unfälle?*
- Er zijn soms wel blessures, maar de meesten vallen gelukkig in het water. — *Es gibt manchmal Verletzungen, aber zum Glück fallen die meisten ins Wasser.*
- Waarom doen mensen zoiets? — *Warum machen Leute so etwas?*
- Ik heb geen idee, maar het is een populaire sport. Het record is 21 meter. — *Keine Ahnung, aber es ist eine beliebte Sportart. Der Rekord liegt bei 21 Meter.*
- Dat is ver! Wat kan je winnen? — *Das ist weit! Was kann man gewinnen?*
- Het gaat niet om de prijzen, maar vooral om de records. — *Es geht nicht um die Preise, sondern insbesondere um die Rekorde.*
- Gekke mensen, die Nederlanders. — *Merkwürdige Leute, die Niederländer.*

TR. 80

- Hoe is het Fierljeppen dit jaar, Hans? — *Wie ist das Fierljeppen dieses Jahr, Hans?*
- Leuk, zoals altijd. Jammer dat je niet hier kunt zijn, Lies. — *Toll, wie immer. Schade, dass du nicht da sein kannst, Lies.*
- Vertel me wat er nu gebeurt. — *Erzähl mir, was gerade passiert.*
- De eerste is al beëindigd. De winnaar van vorig jaar heeft alweer gewonnen. — *Das erste Rennen ist vorbei. Der letztjährige Sieger hat wieder gewonnen.*
- Wow, hij heeft al zo vaak gewonnen! — *Wow, der hat schon so oft gewonnen!*
- Het regent. Alles is nat, zelfs de polsstok. — *Es regnet, alles ist nass, sogar der Sprungstab.*
- Dat is niet goed want dan glij je weg. — *Das ist nicht gut, denn dann rutscht man weg.*
- Ja, klopt. Een deelnemer is gevallen. — *Ja, stimmt. Ein Teilnehmer ist gefallen.*
- Ik hoop dat hij geen blessure heeft? — *Ich hoffe, er hat keine Verletzung?*
- Ik weet het niet. Ik heb nog geen ziekenwagen gezien. — *Ich weiß es nicht. Ich habe noch keinen Krankenwagen gesehen.*

TR. 81

- Start het nieuwe jaar met een frisse duik in de koude Noorzee in Scheveningen. Vlakbij het Kurhaus gaan honderden mensen ieder jaar het water in. Als beloning krijg je een leuke oranje muts. — *Beginne das neue Jahr mit einem erfrischenden Bad in der kalten Nordsee in Scheveningen. In der Nähe des Kurhauses gehen jedes Jahr hunderte Leute ins Wasser. Als Belohnung bekommst du eine tolle orangene Mütze.*

- Als het Nederlandse elftal speelt, Max Verstappen in zijn Formule 1 auto rijdt of de koning zijn verjaardag viert: zonder de kleur oranje hoor je er niet bij! — *Wenn die niederländische Mannschaft spielt, Max Verstappen in seinem Formel-1-Auto fährt oder der König seinen Geburtstag feiert: Ohne Orange gehörst du nicht dazu!*
- De Hollandse wind hoort bij het fietsen, dat weet elke Nederlander. In zeeland kunnen wielerfans die graag hard trappen, 8 kilometer tegen de wind in fietsen. Vanaf windkracht 7 vindt deze oerhollandse traditie plaats. — *Der holländische Wind gehört zum Radfahren, das weiß jeder Niederländer. In Zeeland können Radfans, die gerne kräftig treten, 8 Kilometer im Gegenwind radeln. Ab Windstärke 7 findet diese niederländische Tradition statt.*
- Er wordt een kindje geboren, dan wordt er beschuit met muisjes getrakteerd. Roze-wit voor een meisje, blauw-wit voor een jongen. — *Es wird ein Kind geboren, dann wird Zwieback mit Zuckerstreusel ausgeteilt: rosa-weiß für ein Mädchen, blau-weiß für einen Jungen.*

Lektionswortschatz

polsstok, de *Sprungstab*
afstand, de *Distanz*
sloot, de *Graben*
overbruggen *überbrücken*
wedstrijd, de *(Wett-)Rennen*
prijs, de *Preis, Trophäe*
winnaar, de *Gewinner/-in*
deelnemer, de *Teilnehmer/-in*
beker, de *Pokal*
klimmen *klettern*
traditie, de *Tradition*
beveiligers, de *Sicherheitsleute*
sprinten *sprinten*
politie, de *Polizei*
zich inspannen *sich anstrengen*
gevaarlijk *gefährlich*
ver *weit*
ongeluk, het *Unfall*
ziekenwagen, de *Krankenwagen*
hulpverlener, de *Sanitäter/-in*
blessure, de *Verletzung*
breuk, de *Bruch*
mogelijk *möglich*
traditioneel *traditionell*
werken *funktionieren*
water, het *Wasser*
eenmaal *einmal*
gebeuren *passieren*
vallen *fallen*
zoiets *so etwas*
populair *beliebt*
record, het *Rekord*
vooral *insbesondere*
deelnemen aan *teilnehmen an*
beweging, de *Bewegung*
geitenkaas, de *Ziegenkäse*
komijnekaas, de *Kreuzkümmelkäse*
beëindigen *beenden*
starten *starten*
beginnen *anfangen*
afgelopen *vorig*
nat *nass*
glijden *rutschen*
gebroken *gebrochen*
zich wassen *sich waschen*
voordat *bevor*
op tijd *rechtzeitig*
zich haasten *sich beeilen*
zich schamen *sich schämen*
want *denn*
verloren *verloren*
kaasstengels, de *Käsestangen*
kaasplankje, het *Käseplatte*
klutsen *verquirlen*
smullen *schlemmen*
enige *einige*
medaille, de *Medaille*
afzeggen *absagen*
duik, de *Sprung, Eintauchen*
vlakbij *in der Nähe von*
honderden *Hunderte*
beloning, de *Belohnung*
muts, de *Mütze*
elftal, het *Fußballmannschaft*
koning, de *König*
erbij horen *dazu gehören*
trappen *treten*
windkracht, de *Windstärke*
plaatsvinden *stattfinden*
trakteren *ausgeben, austeilen*
kaasliefhebber, de *Käseliebhaber*

Dromen over de toekomst

ZUKUNFTSTRÄUME

sehen

Träumst du manchmal auch von der Zukunft? Vor uns liegen große Möglichkeiten, aber auch große **uitdagingen** *Herausforderungen*. **Een duurzame levensstijl** *ein nachhaltiger Lebensstil* ist etwas, das uns optimistischer in die Zukunft blicken lässt – egal ob in kleinen oder größeren Dingen.

hören

Tr. 82

verhuizen
umziehen

nalaten
hinterlassen

beslissen
entscheiden

de boerderij
Bauernhof

het zonnepaneel
Solarpanel

de windmolen
Windrad

telen
anbauen

de stal
Stall

de uitdaging
Herausforderung

het milieu
Umwelt

het klimaat
Klima

de voetafdruk
Fußabdruck

het afval
Müll

de was
Wäsche

de waslijn
Wäscheleine

de droger
Wäschetrockner

de verpakking
Verpackung

het hulpmiddel
Hilfsmittel

het vee
Vieh

dromen
träumen

Tr. 83

- ● Karolien, je bent net op tijd. Het gaat hard regenen!
- ◎ Ja, ik ben blij dat ik er ben. Wat een mooi koffiehuis is dit.
- ● Het is mijn favoriete koffiehuis. Ze hebben heerlijke koffie. Wil je ook?
- ◎ Ja, ik heb wel zin in een lekker kopje met een koekje erbij.
- ● Heb je al beslist? Ga je verhuizen?
- ◎ Ja, we gaan verhuizen in juni.
- ● Waar gaan jullie wonen?
- ◎ Marks oom heeft ons een boerderij in Limburg nagelaten.
- ● Oh, wat ga je met een boerderij doen?
- ◎ We gaan een B&B openen. Alles heel duurzaam met zonnepanelen, een windmolen en groenten en fruit uit onze eigen tuin.
- ● Ga je ook vee houden?
- ◎ Nee. Er is wel een stal, maar ... hmm ...
- ● ... maar wat?
- ◎ Ik wil eigenlijk geen vee...
  Ik wil een gezellig koffiehuis, net zoals dit hier!

1 Ordne die Ausdrücke aus dem Dialog ihren Übersetzungen zu.

1. net op tijd	**A** genau wie dieser hier
2. ik ga	**B** gerade noch rechtzeitig
3. zin hebben in	**C** hinterlassen
4. nalaten	**D** Lust haben auf
5. net zoals dit hier	**E** ich werde

2 fühlen

Heb je ook dromen over de toekomst? Nicht alle Träume und Pläne müssen gleich so groß sein wie ein Bauernhaus in den Niederlanden. **Wat zijn je dromen – groot of klein?** Nimm dir einen Bleistift und **teken** *zeichne* deine Träume auf ein Stück Papier. Beschrifte sie. Benutz ein Wörterbuch.

3 Marko besucht Mark und Karolien in Roermond. Mark erklärt, wie er und Karolien versuchen, nachhaltig zu leben. Schreib die Namen der Dinge, die dabei helfen, unter die passenden Bilder.

hören

Tr. 84

1. ______________________ 2. ______________________

3. ______________________  4. ______________________

4 **Duurzaam leven.** *Nachhaltiges Leben*: Füll die Lücken mit den Wörtern aus der Schüttelbox.

* afval te verminderen * hulpmiddel * hernieuwbare energie * milieu

Onze zonnepanelen en windmolens produceren ______________________ 1.

Als we onze eigen groenten telen, zullen we niet zoveel voedsel in verpakking kopen. Dat helpt om ______________________ 2. De waslijn is een eenvoudig ______________________ 3 om het ______________________ 4 te beschermen, zodat we de droger niet zo vaak hoeven te gebruiken.

Die Konjunktionen want *denn* und omdat *weil*

Die beiden Konjunktionen **omdat** und **want** geben den Grund bzw. die Ursache für eine Handlung an. Die Wahl dieser Wörter hat jedoch Auswirkungen auf die Wortfolge im Satz.

want	**verbindet zwei Hauptsätze miteinander, Wortfolge bleibt**
	Ze gaat naar huis, want ze is klaar met werken.
omdat	**leitet einen Nebensatz ein, Wortfolge ändert sich**
	Ze gaat naar huis, omdat ze klaar met werken is.

Die Verben stehen im Nebensatz an letzter Stelle.

* Man kann einen Satz nicht mit **want** beginnen. Wenn dir also jemand eine Frage stellt, verwendest du normalerweise **omdat** in deiner Antwort.

5 **Want** oder **omdat?** Füll die Lücken mit dem richtigen Wort.

Ik kan niet slapen, ______________ 1 ik me zorgen maak over de toekomst. We moeten minder verpakking kopen, ______________ 2 dan helpen we het milieu. Een waslijn is altijd beter, ______________ 3 we zo minder energie verbruiken. Onze ecologische voetafdruk wordt steeds groter, ______________ 4 we vaak vliegen. ______________ 5 de familie niet zo ver weg woont, nemen we nu vaker de trein.

6 Stell dir ein einfaches Leben auf einer alten Farm vor. Welche Gerüche kommen dir in den Sinn? Mal die Umrisse aus und füg weitere Wörter hinzu.

riechen

OUD HOUT

REZEPT

Oliebollen

FRITTIERTE TEIGKRAPFEN

Schmecken

Oliebollen sind ein niederländisches Siedegebäck, welches traditionell zu Silvester und auf der Kirmes gegessen wird. In einigen Regionen Belgiens wird das Neujahrsgebäck auch **smoutebollen** *Schmalzkugeln* genannt, weil es früher in Schmalz gebacken wurde. Es gibt sie mit Rosinen oder Apfelstückchen und natürlich mit ganz viel Puderzucker obendrauf.

Zutaten:

500 ml lauwwarme melk - **500 g** bloem - **7 g** gist - **1** ei - **4 el** bruine suiker - **snufje** zout - **1 fles** zonnebloemolie - **150g** rozijnen - poedersuiker

1. Laat de rozijnen 15 minuten **wellen** in water. Roer de gist en de suiker door de melk.
2. **Zeef** de bloem in een kom en voeg een snufje zout toe.
3. Giet langzaam de melk met de gist erbij en mix met een mixer tot een **plakkerig beslag**.
4. Mix het ei erbij en schep daarna de rozijnen erdoor.
5. Dek de kom af met een **vochtige doek** en laat 60 minuten rijzen. **Het beslag** moet ongeveer **verdubbelen**.
6. Verhit de zonnebloemolie in een **frituurpan** op 180°C. Schep met een **ijscolepel** een bol **beslag** in het vet. Na een paar seconde komt de oliebol naar boven **drijven**. **Keer** regelmatig **om**.
7. Na ongeveer 6 minuten zijn de oliebollen goudbruin en **gaar** van binnen.
8. Laat ze **uitlekken** op **keukenpapier** en **bestrooi** met poedersuiker.

wellen *einweichen*
zeven *sieben*
plakkerig *klebrig*
het beslag *Teig*
vochtige doek *feuchtes Tuch*
verdubbelen *verdoppeln*
de frituurpan *Fritteuse*
de ijscolepel *Eislöffel*
drijven *schwimmen*
omkeren *umdrehen*
gaar *gar*
uitlekken *abtropfen*
het keukepapier *Küchenpapier*
bestrooien *bestreuen*

7 **Duurzaam leven: de aarde warmt op, dat vraagt om een andere manier van leven. Alleen samen kunnen we het milieu en het klimaat redden.** *Nachhaltig leben: Die Erde erwärmt sich, was eine andere Lebensweise erfordert. Nur zusammen können wir die Umwelt und das Klima retten.* Finde zehn Wörter der Lektion im Wortgitter und schreib sie auf. Die Wörter können senkrecht, waagerecht, diagonal und rückwärts vorkommen.

E	A	N	O	G	R	I	L	U	U	K	E	N	O	S	B
I	M	F	E	M	N	I	L	S	I	E	Z	E	N	C	P
A	U	S	P	O	A	I	E	N	T	D	R	B	J	H	K
Z	K	A	F	S	P	A	K	E	N	A	E	E	N	R	M
O	W	V	R	G	F	E	O	K	A	O	B	E	R	E	C
N	A	X	U	T	V	W	E	M	A	N	M	R	E	B	K
N	S	C	I	N	A	I	I	A	I	P	E	F	Q	M	U
E	S	V	M	E	L	N	X	A	N	R	R	X	K	E	R
P	E	K	N	L	T	D	L	Z	N	Y	P	E	U	V	D
A	N	H	N	E	Q	M	W	R	X	Z	E	K	V	O	F
N	B	Z	P	T	O	O	Z	U	I	G	S	N	J	N	A
E	T	R	M	I	L	L	E	U	Z	E	R	E	N	D	T
E	E	G	E	L	I	E	O	D	N	J	O	L	K	A	E
L	O	O	I	S	C	N	M	I	L	I	E	U	O	E	O
K	L	I	M	A	A	T	E	N	J	I	L	S	A	W	V

1. Solarpanel
2. Klima
3. Vereinbarungen
4. Wäscheleine
5. Umwelt
6. Verpackung
7. Windrad
8. anbauen
9. Fußabdruck
10. nachhaltig

SEIZOENEN

Elk voorjaar heeft zijn najaar. *Jeder Frühling hat seinen Herbst.* (Ein bekanntes Sprichwort.)

In de **winter** is het koud en grijs, in de **lente** leggen de vogels een ei, in de **zomer** schijnt de zon en zitten we in de tuin en in de **herfst** kleurt de wereld weer oranje, rood en bruin.

Im Winter ist es kalt und grau, im Frühling legen die Vögel ein Ei, im Sommer scheint die Sonne und wir sitzen im Garten und im Herbst wird die Welt wieder orange, rot und braun.

8 hören Tr. 85

Deze week is een duurzaamheidsuitdaging. *Nachhaltigkeitsherausforderung:* Hör zu und ordne **de dagen van de week** *Wochentage* den Bildern zu.

1

2

3

4

5

6

___ **A** maandag
___ **B** dinsdag
___ **C** woensdag
___ **D** donderdag
___ **E** vrijdag
___ **F** zaterdag

9 sehen

Wat kan jij doen om je ecologische voetafdruk te verminderen en het milieu te beschermen? *Was kannst du tun, um deinen CO_2-Fußabdruck zu reduzieren und die Umwelt zu schützen?* Ordne die Wörter aus den Wortschlangen zu: Was sollten wir reduzieren, was benutzen?

PESCAFVALULHERNIEUWBAREENERGIECAULEDLAMPSPA

ZVERPAKKINGDUPLASTICLICVERKEERXCEIGENTASSR

minder:

___
___
___
___
___
___

gebruik:

___
___
___
___
___
___

10

fühlen

Tijd om te feesten! *Zeit zu feiern!* Du bist am Ende des Buches angelangt und hast viel Niederländisch gelernt. **Goed gedaan!** Warum also nicht ein bisschen feiern? Ein niederländisches must-eat zum Jahresende: **de oliebol**, warum also nicht auch zum Ende des Buches?

Wat heb je nodig?

- **oliebollen** (Rezept S. 152)
- **prikkertjes met kleine stroken papier erop en schrijf de volgende spreuken erop: fantastisch, goed gedaan, super, trots op mij! Prik ze dan in de oliebollen.**
- **kopje koffie, kopje thee of lekkere bubbels voor erbij**

STIJLVOL EN DUURZAAM

Auch wenn du mal viele Gäste hast: Benutze **stoffen servetten** *Stoffservietten* anstelle von **papieren servetten** *Papierservietten* und verwende lieber echtes Geschirr und Besteck als Papier. Schönes altes Geschirr bekommst du oft billig auf Flohmärkten, oder du fragst herum, wer dir etwas leihen kann.

BUBBELS

Sekt wird oft **bubbels** genannt. Mittlerweile gibt es mehrere niederländische Winzer, die **moeserende wijnen** *Sekt* produzieren. Serviert im schönen Glas wird es sicher **een feestje**!

Lösungen

1. 1. B, 2. E, 3. D, 4. C, 5. A
3. 1. zonnepaneel, 2. windmolen, 3. eigen groente telen, 4. waslijn
4. 1. energie, 2. afval te verminderen, 3. hulpmiddel, 4. milieu.
5. 1. omdat, 2. want, 3. omdat, 4. omdat, 5. omdat
7. zonnepaneel ↓, klimaat →, afspraken →, waslijn ←, milieu →, verpakking ↖, windmolen ↓, telen ↑, voetafdruk ↑, duurzaam ↑
8. 1. F, 2. E, 3. C, 4. D, 5. B, 6. A
9. minder: afval, verpakking, plastic, verkeer; gebruik: hiernieuwbare energie, LED lamp, eigen tas

Transkriptionen

TR. 82

Karolien! Du bist gerade rechtzeitig angekommen. Es wird gleich regnen.
Ja, ich bin froh, hier zu sein. Das ist ein schönes Kaffeehaus.
Es ist mein Lieblings-Kaffeehaus. Sie haben herrlichen Kaffee. Magst du auch?
Ja, ich habe Lust auf eine Tasse mit einem leckeren Plätzchen.
Hast du schon entschieden? Zieht ihr um?
Ja, wir ziehen im Juni um.
Wo werdet ihr wohnen?
Marks Onkel hat uns einen Bauernhof in Limburg hinterlassen.
Oh, was werdet ihr mit einem Bauernhof machen?
Wir haben vor, ein Bed & Breakfast zu eröffnen, alles ganz nachhaltig mit Solarmodulen, einem Windrad, Gemüse und Obst aus eigenem Garten.
Werdet ihr auch Vieh halten?
Nein, es gibt einen Stall da, aber ...
... aber was?
Ich möchte eigentlich kein Vieh ... Ich will ein gemütliches Kaffeehaus, genau wie dieses hier!

TR. 84

Welkom Marko, leuk dat je er bent. Karolien is zo blij dat je kon komen. Kom, ik laat je de boerderij zien! Hier is het huis. We hebben zonnepanelen geïnstalleerd, we willen zo veel mogelijk hernieuwbare energie gebruiken. Je moet het milieu beschermen, niet waar? Volgend jaar hebben we waarschijnlijk ook een windmolen. Dat is de groentetuin. We gaan kool, wortels en andere groente hier telen. Het afval wordt verminderd. En daar hebben we een lange waslijn. We hangen de was altijd hier buiten op als het weer goed is. De droger verbruikt veel energie daarom beschermt de waslijn ook het milieu.	*Wilkommen Marko, schön, dass du da bist. Karolien freut sich so, dass du kommen konntest. Komm, ich zeig dir den Hof! Hier ist das Haus. Wir haben Solarmodule installiert, wir wollen erneuerbare Energie nutzen so viel es geht. Man muss die Umwelt schützen, nicht wahr? Nächstes Jahr werden wir wahrscheinlich auch ein Windrad haben. Das ist der Gemüsegarten. Wir werden Kohl, Karotten und anderes Gemüse hier anbauen. Das wird Müll reduzieren. Und da drüben haben wir eine lange Wäscheleine. Wir hängen die Wäsche immer hier draußen auf, wenn das Wetter gut ist. Der Trockner braucht eine Menge Energie, deshalb schont auch die Wäscheleine die Umwelt.*

TR. 85

Op maandag ga ik niet zoals altijd naar de supermarkt, maar naar de markt. Ik koop er groenten en fruit en neem mijn eigen tasje mee, dan is er geen extra afval.	*Am Montag gehe ich nicht in den Supermarkt wie immer, ich gehe auf den Markt und kaufe dort Obst und Gemüse. Ich nehme meine eigenen Taschen, dann gibt es keinen Müll.*
Op dinsdag kook ik groetensoep en eten we vegetarisch.	*Am Dienstag koche ich Gemüsesuppe, wir werden kein Fleisch essen.*

Woensdag is wasdag, ik hang de was aan de waslijn in de tuin.	*Mittwoch ist mein Waschtag. Ich werde die Wäsche auf der Wäscheleine im Garten aufhängen.*
Op donderdag fiets ik naar het werk.	*Am Donnerstag fahre ich mit dem Fahrrad zur Arbeit.*
Op vrijdag proef ik havermelk in de koffie, misschien wordt het dan wel een heel vegane dag, wie weet?	*Am Freitag probiere ich Hafermilch im Kaffee aus. Vielleicht mache ich einen komplett veganen Tag, wer weiß?*
Op zaterdag was ik altijd mijn auto, maar deze week niet. Dat spaart weer veel water.	*Am Samstag wasche ich normalerweise mein Auto. Diese Woche wasche ich es nicht, das spart viel Wasser.*
En op zondag? Daar spaar ik mijn eigen energie, ik doe lekker niks. Een dag helemaal naar mijn zin!	*Und am Sonntag? Nun, da spare ich meine eigene Energie und mache gar nichts. Ein Tag ganz nach meinem Geschmack!*

Lektionswortschatz

dromen	*träumen*
toekomst, de	*Zukunft*
over	*über*
uitdaging, de	*Herausforderung*
duurzaam	*nachhaltig*
levensstijl, de	*Lebensstil*
nalaten	*hinterlassen*
beslissen	*entscheiden*
boerderij, de	*Bauernhaus*
zonnepaneel, het	*Solarpanel*
windmolen, de	*Windrad*
telen	*anbauen*
stal, de	*Stall*
milieu, het	*Umwelt*
klimaat, het	*Klima*
voetafdruk, de	*Fußabdruck*
afval, het	*Müll*
was, de	*Wäsche*
waslijn, de	*Wäscheleine*
droger, de	*Trockner*
verpakking, de	*Verpackung*
hulpmiddel, het	*Hilfsmittel*
vee, het	*Vieh*
regenen	*regnen*
hard	*stark, kräftig*
blij	*froh*
koffiehuis, het	*Kaffeehaus*
zin hebben in	*Lust haben auf*
wonen	*wohnen*
eigen	*eigen*
eiland, het	*Insel*
installeren (geïnstalleerd)	*installieren*
hernieuwbaar	*erneuerbar*
verminderen	*reduzieren*
want	*denn*
omdat	*weil*
slapen	*schlafen*
zich zorgen maken over	*sich Gedanken machen über*
verbruiken	*verbrauchen*
hout, het	*Holz*
schoon (schone)	*sauber*
manier, de	*Weise*
leven	*leben*
aarde, de	*Erde*
opwarmen	*erwärmen*
samen	*zusammen*
redden	*retten*
afspraak, de	*Vereinbarung*
voorjaar, het	*Frühling*
najaar, het	*Herbst*
winter, de	*Winter*
zomer, de	*Sommer*
lente, de	*Frühling*
herfst, de	*Herbst*
ecologisch	*ökologisch*
beschermen	*schützen*
verkeer, het	*Verkehr*
trots	*stolz*
stoffen servetten	*Stoffservietten*
papieren servetten	*Papierservietten*
bubbels, de	*Sekt*
moeserende wijn, de	*Sekt*

Bildnachweis

123RF.com, Nidderau: 144.4 (ankorlight); **Adobe Stock, Dublin: 4.2, 4.3, 4.4, 5.2, 5.3** (vectorplus); **6.2, 19.1** (Corri Seizinger); **6.1, 14.4, 10.9** (rh2010); **7.2, 32.1** (Picture Partners); **7.1, 39.1** (mavoimages); **8.23, 8.24, 8.19, 8.20, 8.26, 8.25** (Franzi draws); **8.9** (aluna1); **8.10** (jivopira); **9.1** (Gorodenkoff); **9.2** (shaiith); **10.4** (Wayhome Studio); **10.5** (KOTO); **10.6** (Jacob Lund); **10.7, 10.10** (tunedin); **10.8** (Odua Images); **10.11** (Prostock-studio); **13.5** (Ievgenii Meyer); **13.6** (Vladimir); **13.9** (farbkombinat); **13.11** (nblxer); **13.12** (lilett); **15.3, 15.4, 15.7, 15.9, 15.11, 15.13, 15.14, 15.15, 15.19, 15.21** (JackF); **15.5, 15.6, 15.8, 15.10, 15.12, 15.16, 15.17, 15.18, 15.20, 15.23** (moryachok); **18.9, 18.23** (Anna Druzhkova); **18.22** (devitaayu); **19.4** (Vitalinka); **20.3** (Alessandro Laporta); **21.1** (mochipet); **22.2** (Natalia Lisovskaya); **23.4** (anna_shepulova); **24.6** (NDABCREATIVITY); **24.7** (Ivan); **24.9** (Ariadna de Raadt); **25.1** (Angelika); **25.2** (kobackpacko); **28.13, 28.14, 28.15, 28.16, 28.17, 28.18, 28.19, 28.20, 28.22, 28.23, 28.24** (Orion); **28.3, 28.4, 28.5, 28.6, 28.7, 28.8, 28.9, 29.12, 33.13** (Kudryashka); **29.1** (jackfrog); **29.2** (eclypse78); **29.4** (MUNUGet Ewa); **29.8** (Mistervlad); **30.3, 30.4, 30.5, 30.6, 30.7, 30.8, 30.9, 30.10, 30.11, 30.12, 30.13, 30.14** (Sonulkaster); **34.2** (poplasen); **34.3** (GEOLEE); **34.5** (malkovkosta); **34.12, 38.5, 38.11, 38.20, 38.21, 38.22** (Good Studio); **38.4, 38.6, 38.7, 38.8, 38.12, 38.13, 38.14, 38.15, 38.16, 38.17, 38.18, 38.19** (bsd studio); **38.9, 38.10** (robin_ph); **39.2** (Evrymmnt); **40.3** (Anastasia); **40.4** (timtimphoto); **40.6** (Studio Romantic); **40.7** (ViDi Studio); **40.8** (Krakenimages.com); **40.9** (freebird7977); **44.9** (Pixel-Shot); **44.10** (leungchopan); **48.4, 48.6, 48.20, 48.21, 48.22, 48.23, 50.15, 54.3** (undrey); **48.8** (squirrel_art); **48.25** (baksiabat); **48.26** (Visual Generation); **49.1** (Grecaud Paul); **49.2** (Simone van den Berg); **52.2** (Bastiaanimage Stock); **53.4** (Myroslava); **53.5** (travelguide); **53.6** (PhotoIris2021); **58.18, 58.19** (amovitania); **58.17, 74.6** (drawlab19); **58.4** (a3701027); **58.16** (ONYXprj); **63.2** (chamillew); **63.3** (Veniamin Kraskov); **63.8** (Magdalena); **63.9** (iprachenko); **63.10, 63.7, 64.4** (Nataliia); **63.5, 63.6, 113.11, 113.12, 113.17** (New Africa); **64.8** (Dmitry Zimin); **64.10** (vitalily_73); **68.20, 68.21, 68.22, 68.23, 118.15** (Olya Haifisch); **70.4** (Antonioguillem); **70.6** (Chalabala); **70.10** (StratfordProductions); **71.7, 130.7** (Andrey Popov); **74.2** (Poter); **74.5** (pressmaster); **78.14, 78.21** (Lilanakani); **78.3** (gamespirit); **78.5** (Egor Shilov); **78.8** (Marina); **78.12, 78.20** (olllikeballoon); **78.17** (vip2807); **82.2** (asife); **83.2** (naleen); **83.3** (Aha-Soft); **83.4** (Vector FX); **83.7** (Arcady); **84.10** (fahrwasser); **84.11** (pilipphoto); **88.24, 92.1** (notkoo2008); **88.8** (Octostockus); **88.10** (lkeskinen); **88.17** (Ольга Шамарина); **88.4, 88.16** (kamenuka); **88.12, 88.13** (Siberian Art); **88.14, 88.15** (elfivetrov); **88.20** (arkadiwna); **88.21** (hchjjl); **93.1, 93.2, 93.3, 93.4, 93.5, 93.6, 93.7, 93.8, 93.9, 93.10, 93.11, 93.12, 93.13, 93.14, 93.15, 93.16, 93.17, 93.18, 93.19, 93.20, 93.21, 93.22, 93.23, 93.24, 93.25, 93.26, 93.27** (juliyas); **95.2** (atelier_agonda); **98.7** (Elena Pimukova); **98.8** (Catherine); **98.9** (josepperianes); **100.3** (DBA); **100.5** (Fxquadro); **100.6** (Monkey Business); **104.8** (Gianluca); **104.10** (Denis); **108.23** (iconsgraph); **109.1** (evgenydrablenkov); **110.3, 114.4** (neirfy); **110.1, 114.1** (andersphoto); **113.2** (Elina Leonova); **113.3** (Alina Semenenko); **113.4** (Daniel); **113.5** (jasmin awad/EyeEm); **113.16** (Minakryn Ruslan); **113.18** (Madele); **113.19** (Ekaterina); **114.3** (LiliGraphie); **115.4** (svrid79); **115.5** (Ladychelyabinsk); **119.1** (Miniloc); **129.1** (hoeks); **130.3** (MADNI); **130.4** (nikkimeel); **130.5** (Ирина Курмаева); **135.1, 135.2, 135.3, 135.5** (Полина Томтосова); **140.3** (barmalini); **141.5** (wifesun); **148.11, 148.12** (airdynamic); **150.7, 154.4** (Matthew Ashmore); **150.4** (tl6781); **150.5** (bios48); **154.2** (shootingtheworld); **154.3** (katrinshine); **154.7** (beats_); **154.8** (jchizhe);
Fotolia, New York: 13.10, 23.8 (Smileus); **20.2** (Leonid Tit); **20.7** (EpicStockMedia); **34.6** (Marie Capitain); **40.5** (knostpix); **40.11** (Rido); **50.8** (Bernd Jürgens); **84.8** (victoria p.);
Getty Images, München: 4.1, 5.1, 40.1, 44.1, 80.1, 84.1 (Galina Kamenskaya); **8.1, 8.2, 8.3, 8.4, 16.1, 16.2** (Alexandra Pavlova); **9.3, 29.3, 73.5, 79.3, 104.12** (hugolacasse); **10.1, 14.1** (Nataliia Pyzhova); **11.3** (ulimi); **14.3, 28.21, 155.2, 155.3, 155.4** (Magnilion); **15.1** (paladin13); **15.22** (Anna Pavlovetc); **18.1, 18.2, 26.1, 26.2** (Sasha Wallis); **20.1, 24.1** (mymny); **23.6** (stock_colors); **23.7** (DanHenson1); **24.10** (Delpixart); **28.1, 28.2, 36.1, 36.2** (Fleren); **30.2** (FrankRamspott); **30.1, 34.1** (dinkaspell); **38.1, 38.2, 38.3, 46.1, 46.2** (Arelix); **40.12** (Antonio Saba); **40.13** (Maskot); **40.14** (Prasanjeet Shyam); **40.15** (Klaus Vedfelt); **40.16** (pixdeluxe); **48.5** (insemar); **48.1, 48.2, 48.3, 56.1, 56.2** (IrynaDanyliuk); **49.3, 49.4, 52.1, 53.7, 54.2, 72.4, 72.6, 82.1, 82.3, 90.3, 90.4, 92.2, 92.4, 102.1, 142.1, 142.2, 142.5, 152.1, 138.21** (topform84); **50.1, 54.1** (Mercedes Rancaño Otero); **50.6** (philipimage); **53.3** (egal); **58.1, 58.2, 58.3, 66.1, 66.2** (Bigmouse**108**); **59.3, 78.16, 84.12, 149.2, 155.1, 98.6** (LokFung); **60.1, 64.1** (Svetlana Apukhtina); **65.3** (wundervisuals); **68.1, 68.2, 68.3, 76.1, 76.2** (Bezvershenko); **70.1, 74.1** (mikemcd); **70.12** (GOLDsquirrel); **78.1, 78.2, 86.1, 86.2** (uiliaaa); **79.1** (SolStock); **80.8, 105.2, 129.2, 133.2, 134.3, 128.12, 129.4, 130.2, 133.1, 134.4** (kyuree); **85.2** (Vitalii Bezverkhii); **88.1, 88.2, 88.3, 96.1, 96.2, 98.1, 106.1, 106.2, 118.2, 118.13, 118.18** (samuii); **90.1, 94.1** (LeshkaSmok); **98.20, 128.6, 99.2, 143.1, 143.2, 145.1, 145.3, 148.21, 148.22** (jamtoons); **98.12, 98.19, 98.21, 100.11, 100.12, 103.1, 118.5, 118.16** (Fafarumba); **100.1, 104.1** (Slanapotam); **108.3, 138.18, 140.9** (Ming Lok Fung); **108.15** (frimages); **108.1, 108.2, 116.1, 116.2** (Logvinart); **113.13** (duncan1890); **115.1** (pa1999); **118.1, 126.1, 126.2** (bortonia); **118.10, 118.12, 118.14** (WINS86); **120.1, 124.1** (kukurikov); **128.1, 128.2, 128.3, 128.4, 128.5, 136.1, 136.2** (Yevheniia Yasenenko); **130.6** (baona); **130.1, 134.1** (Esra Sen Kula); **130.8** (Hinterhaus Productions); **134.2** (Paperkites); **134.5** (azgek); **135.4** (Elena Dy); **138.1, 146.1, 146.2** (totallyjamie); **138.5** (Bubert); **138.7** (veekicl); **138.8** (ruthyoel); **138.11** (kimberrywood); **138.14** (Kittisak_Taramas); **138.19** (anttohoho); **140.1, 144.1** (Jobalou); **144.6** (double_p); **148.1, 148.2, 148.3, 156.1, 156.2** (Tolchik); **150.1, 154.1** (cosmicbirdy);
iStockphoto, Calgary, Alberta: 20.6, 23.1 (mauribo);

29.7 (jahmaica); **100.9** (Pgiam); **154.6** (izuminka); **Shutterstock, New York: 5.4**, **149.1** (Alessandro Ricciardini); **8.15**, **68.18**, **68.19**, **149.4** (Fafarumba); **8.18**, **48.19** (MSSA); **8.21**, **8.22**, **48.9**, **48.10**, **148.7**, **148.14**, **148.15**, **148.24**, **148.25** (josep perianes jorba); **8.11**, **8.12**, **8.13**, **8.14**, **12.1**, **48.7**, **88.19**, **98.3**, **98.15**, **138.10**, **115.2**, **118.4**, **118.11**, **138.20**, **148.5**, **148.8**, **148.9**, **148.10**, **148.13**, **148.17**, **150.2**, **150.8**, **154.5**, **154.9**, **154.10**, **154.11**, **154.12** (mhatzapa); **8.6**, **8.7**, **8.8**, **114.5** (Marie Nimrichterova); **8.5**, **20.10**, **53.1**, **53.2**, **73.4**, **81.1**, **111.2**, **111.3**, **129.3**, **149.5**, **150.3**, **151.1**, **15.2**, **83.8**, **125.1**, **55.1**, **55.2**, **65.1**, **65.4**, **69.4**, **73.3**, **85.1**, **85.3**, **105.1**, **105.3**, **108.13**, **108.17**, **109.3**, **110.2**, **115.3**, **128.21**, **128.24**, **128.25**, **128.26**, **133.3** (primiaou); **8.16** (TatianaKost94); **8.17**, **78.18**, **140.5**, **34.10**, **34.11**, **88.18**, **91.1** (Susann Schroeter); **11.1**, **24.2**, **24.3**, **24.4**, **24.11** (Tiwat K); **11.4** (Kamieshkova); **12.3** (Tatiana Volgutova); **12.4** (BBstockimage); **13.3** (Juliy Koval); **13.7** (Jag_cz); **13.8** (Simon Detjen Schmidt); **13.4**, **84.6** (Firma V); **18.3**, **18.4**, **18.5**, **18.6**, **18.7**, **88.11** (Minur); **18.8**, **18.10**, **18.13**, **18.16**, **38.23**, **21.2** (Irina Yuzh); **18.15**, **18.18**, **68.24**, **108.10**, **78.4**, **128.22**, **98.2** (GooseFrol); **18.20**, **22.1** (BigEyes925); **18.11**, **18.14**, **18.19**, **19.2**, **19.3** (Polina Valentina); **18.12** (Haryadi CH); **18.17**, **48.13**, **48.14**, **48.15**, **48.16**, **48.17**, **48.18**, **88.22**, **88.23** (Victoria Sergeeva); **18.21**, **118.19** (Net Vector); **19.5** (Carmina McConnell); **20.9** (Ruud Morijn Photographer); **23.3** (Kharlanov Evgeny); **23.5** (Willem Dijkstra); **23.9** (emka74); **24.5** (Sigit Setiyo Pramono); **24.8** (Anastasia_Panait); **28.12** (Pauline Buit); **28.10**, **28.11**, **118.7** (Ola_view); **29.5** (JeniFoto); **29.6** (Christoph Herold); **29.9** (Stuart Monk); **29.10** (Delpixel); **29.11** (stockphoto-graf); **34.4** (Studiovd); **34.7** (MaraZe); **34.8** (Susanna Svensson); **34.9** (Ruslan Khismatov); **40.10**, **40.17** (whitemomo); **40.2** (Sofia Zhuravetc); **42.1** (AS Foodstudio); **43.1**, **44.2**, **44.11** (Lemonade Serenade); **44.3**, **44.4**, **44.5**, **44.6**, **44.7**, **44.8** (EvgeniiAnd); **48.11**, **48.12**, **48.24**, **49.5**, **49.7**, **50.2**, **50.3**, **50.4**, **50.5**, **51.1**, **51.2**, **82.4**, **152.2**, **152.3**, **58.5**, **58.6**, **58.7**, **58.8**, **58.9**, **58.10**, **58.11**, **58.12**, **58.14**, **59.2**, **60.2**, **60.3**, **60.4**, **63.1**, **63.4**, **64.2** (AuraArt); **48.27**, **48.28**, **48.29** (Lida Bu); **49.6** (Senpo); **50.7** (gori910); **50.9** (Pavel Gulea); **50.11** (beton studio); **50.14** (Luigi Bertello); **55.8** (Food thought); **55.3**, **55.4**, **55.5**, **55.7** (JMCM); **58.15** (Elina Li); **58.21**, **108.11**, **108.12** (JosepPerianes); **58.13**, **61.1**, **61.2**, **148.18**, **148.19** (Shorena Tedliashvili); **58.23**, **138.4** (KateMacate); **58.20** (alicedaniel); **58.22** (Pro Icons); **59.1** (William Perugini); **60.6**, **60.7** (Vectoressa); **60.5** (Catherine Iva); **62.4** (Pixel-Shot); **62.1**, **62.2**, **62.3**, **64.11**, **64.12**, **98.4**, **100.10**, **103.2**, **104.2**, **120.8**, **123.1**, **124.6** (Natasha Pankina); **64.3** (Romariolen); **64.5** (Red Umbrella and Donkey); **64.6** (Torsak Thammachote); **64.7** (vitaliy_73); **64.9** (Sur); **65.2** (Eugenia Porechenskaya); **68.16**, **68.17** (Aleksandra Novakovic); **68.8** (valterZ); **68.13**, **68.14**, **148.26**, **149.3** (NataLima); **68.4**, **68.5**, **68.6**, **68.7**, **68.9**, **68.10**, **68.11** (Aliaksandr Radzko); **68.12**, **68.15**, **138.2** (Leremy); **69.1** (jessicahyde); **69.3**, **70.11**, **72.1**, **72.2**, **72.3** (Margarita Steshnikova); **69.2**, **73.1**, **109.4**, **110.4**, **111.1**, **113.1** (Prokhorovich); **70.2**, **73.2** (Orfeev); **70.5** (spass); **70.7** (Menzl Guenter); **70.9** (WSW1985); **71.12**, **71.13**, **144.2**, **144.3**, **144.8** (Maria Averburg); **71.9**, **71.10**, **71.11**, **74.7** (Rebellion Works); **71.1** (Namomooyim); **71.3** (LADO); **71.4** (simona pilolla 2); **71.5** (makasana photo); **71.6**, **71.8** (WAYHOME studio); **72.5** (DROBOT VIKTORIIA); **74.3** (maxpro); **74.4** (IceW); **74.8** (Nikolaeva); **75.1**, **75.2**, **75.3**, **75.4**, **75.6**, **75.7** (RatcStock); **75.5** (Anton Starikov); **78.6**, **78.7**, **84.2**, **84.3**, **98.14**, **138.13**, **108.9**, **108.14** (Daniela Barreto); **78.13** (NikomMaelao Production); **78.9**, **78.10**, **78.11**, **78.15**, **80.9**, **80.10**, **80.11**, **80.12**, **80.13**, **128.7**, **128.8**, **128.9**, **128.10**, **128.14**, **128.18**, **128.19**, **128.23** (artnLera); **78.19** (Veranika Dzik); **78.22** (Sasha Wallis); **79.2** (Peter de Kievith); **79.4** (Squirrel_illustration); **80.2**, **80.3**, **80.4**, **80.5**, **80.6**, **80.7** (Roi and Roi); **83.1** (agrino); **83.5** (Donny Hery); **84.4** (Timolina); **84.5**, **92.3**, **152.4** (Poleijphoto); **84.7** (Julia Sudnitskaya); **84.9** (GK1982); **88.5**, **88.6**, **88.7**, **118.9** (Saint A); **88.9** (Istry Istry); **89.1** (Frans Blok); **89.2**, **90.2**, **93.28**, **94.2** (StocKNick); **94.3**, **155.5** (Sara Winter); **94.4** (urfin); **94.5** (DiViArt); **95.1** (nadiia_oborska); **95.3** (Stock Vector One); **98.5** (Veronika Rumko); **98.10** (diana pryadieva); **98.11** (luma_art); **98.13**, **138.3** (Cube29); **98.18** (Natalia Hubbert); **98.16**, **98.17** (puruan); **99.1** (dvphotoworld); **100.2** (Drew McArthur); **100.4** (Tyler Olson); **100.7** (Gimas); **100.8** (fotolupa); **101.1** (Sashatigar); **102.2** (Barbara Brolsma); **104.3** (Irina Wilhauk); **104.5** (OSTILL is Franck Camhi); **104.7** (Pavel L Photo and Video); **104.9** (Alexandros Michailidis); **104.11** (David Ridley); **105.4** (Mark Rademaker); **108.4** (Yuyula); **108.18** (Enache Dumitru Bogdan); **108.5**, **108.6**, **108.7**, **108.8**, **108.21**, **108.22** (redchocolate); **108.16**, **108.19** (Yurchenko Yulia); **108.20** (Sapunkele); **109.2** (Bukhavets Mikhail); **112.1** (Fanfo); **113.6** (Vorobyeva); **113.7** (Lina S. Punkz); **113.8**, **113.9**, **113.10**, **113.14**, **113.15**, **113.20** (Yurkina Alexandra); **118.3** (Laifalight); **118.6** (Panda Vector); **118.8** (grzhmelek); **118.17** (Morphart Creation); **118.20** (SAHAS2015); **118.21** (ComicVector703); **119.2** (robert coolen); **120.4**, **124.2** (Dennis van de Water); **120.2** (Mo Wu); **120.3** (kivnl); **120.5** (Harry Beugelink); **120.6** (YummyFeast); **120.7** (Wut_Moppie); **122.1** (CIGI); **123.2** (Rudmer Zwerver); **124.3** (Maykova Galina); **124.4** (fokke baarssen); **124.5** (Tiago.Costa); **125.2** (Tupungato); **128.11** (jesadaphorn); **128.13** (Aleron Val); **128.15** (Aluna1); **128.17** (ArtAllAnd); **128.20** (gigi rosa); **128.16**, **148.16** (Macrovector); **130.9** (Hilma stockfoto); **132.1** (Leoniek van der Vliet); **138.6**, **138.12** (tsaplia); **138.16**, **148.4** (Pand P Studio); **138.9** (VikiVector); **138.15** (DAIVI); **138.17** (Alex Blogoodf); **139.1** (defotoberg); **140.2**, **140.6** (barmalini); **140.4** (lisa-skvo); **140.7** (7grwb); **140.8**, **142.4**, **144.7** (Picture Partners); **141.1** (Kusmartsev Volodymyr); **141.2** (UfaBizPhoto); **141.3** (Pavle Bugarski); **141.4** (Bobex-73); **141.6** (Nomad_ Soul); **142.3** (Aris Setya); **144.5** (AGIF); **145.2** (CandyRetriever); **148.6** (Ohn Mar); **148.20** (H Art); **148.23** (insemar.vector.art); **150.6** (hraska); **9.4**, **10.2**, **10.3**, **11.2**, **12.2**, **13.1**, **13.2**, **14.2**, **14.5**, **33.6**, **114.2**; **Thinkstock, München: 20.4** (Lonely_); **20.5** (Ingram Publishing); **20.8** (Dmitry Kalinovsky); **23.2** (IakovKalinin); **50.10** (Baloncici); **50.12** (Michael Blann); **50.13** (Purestock); **55.6** (Ivantsov); **70.3** (JupiterImages); **70.8** (g-stockstudio); **71.2** (shironosov); **83.6** (Ecelop); **104.4** (Jupiterimages); **104.6** (Photick Milena Boniek)